人工智能时代下的法治均等化与可及化研究

Research on the Equalization and Accessibility for the Rule of Law in the Era of Artificial Intelligence

王燕玲 著

法律出版社
LAW PRESS·CHINA
北京

图书在版编目（CIP）数据

人工智能时代下的法治均等化与可及化研究 / 王燕玲著. -- 北京：法律出版社，2025. -- ISBN 978-7-5244-0417-0

I. D922.174

中国国家版本馆 CIP 数据核字第 2025RT1522 号

| 人工智能时代下的法治均等化与可及化研究
RENGONG ZHINENG SHIDAIXIA DE FAZHI JUNDENGHUA YU KEJIHUA YANJIU | 王燕玲 著 | 策划编辑 朱　峰
责任编辑 苗　婕
装帧设计 李　瞻 |

出版发行　法律出版社	开本 A5
编辑统筹　辞书·融出版编辑部	印张 7　　字数 125 千
责任校对　王晓萍	版本 2025 年 6 月第 1 版
责任印制　吕亚莉	印次 2025 年 6 月第 1 次印刷
经　　销　新华书店	印刷 北京建宏印刷有限公司

地址：北京市丰台区莲花池西里 7 号（100073）
网址：www.lawpress.com.cn　　　　　　销售电话：010-83938349
投稿邮箱：info@lawpress.com.cn　　　　客服电话：010-83938350
举报盗版邮箱：jbwq@lawpress.com.cn　　咨询电话：010-63939796
版权所有·侵权必究

书号：ISBN 978-7-5244-0417-0　　　　　定价：68.00 元

凡购买本社图书，如有印装错误，我社负责退换。电话：010-83938349

序 一

在算法开始解析法律条文、智能系统辅助量刑裁判、合同审查实现数字化跃迁的当下,我们已然置身于人工智能重构法治图景的历史进程之中。这场由代码与法理共同书写的变革,不仅关乎司法效率的提升,更触及法治文明的核心命题——如何在技术赋能的时代实现正义的均等与可及。本书以敏锐的时代触觉捕捉到这一重大命题,通过严谨的学术架构与鲜活的实践案例,为我们展开了一幅人工智能时代法治进化的全景图谱。

通览全书,燕玲教授展现出跨学科研究的深厚功力与创新思维。从命名实体识别技术的司法应用到量刑预测系统的算法逻辑,从网络犯罪治理的范式转型到营商环境法治的生态模型,每一章节都如同精密的"手术刀",剖解着传统法治体系在智能时代的转型痛点。尤为可贵的是,燕玲教授并未陷入技术至上的迷思,而是始终保持着法律人应有的价值理性,在探讨智能合规系统如何提升平台治理效能时,不忘追问数据权力的边界;在构建量刑算法模型之际,仍执着于司法理性的数字化表达。这种技术理性与法治精神的平衡把握,使本书既具有工具层面的实操价值,更蕴含深邃的法治哲学思考。

燕玲教授团队在人工智能与法律交叉领域的深耕令人印象深

刻。其对法律知识图谱的构建方法论、司法大数据深度加工的技术路径等问题的阐释，展现出对法律科技前沿的精准把握。书中呈现的智能证据审查系统、类案检索算法等实践案例，不仅验证了理论构想的可行性，更为司法实务部门提供了极具参考价值的数字化转型方案。这种"顶天立地"的研究取向——既着眼理论高度又扎根实践土壤，正是当下法学研究亟需的学术品格。

毫无疑问，本书开启的研究维度尚有广阔延展空间。当生成式人工智能突破法律咨询的边界，当区块链技术重构证据存证体系，当元宇宙法庭重塑司法在场形态，法治体系的每个细胞都将面临深度重构。我们期待燕玲教授持续追踪技术迭代的法治投影，在算法可解释性、数字人权保障、智能体法律责任等前沿领域深化研究。特别是在全球数字治理规则博弈加剧的当下，如何构建具有中国特色的法律科技范式，如何在技术自主创新中注入法治文明基因，这些时代之问都需要学界作出更具创造性的回应。

本书的价值，不仅在于为当下提供了智识导航，更在于揭示了这样一个真理：当人工智能成为新时代的"正义生产工具"，我们比任何时候都更需要守护法治的初心。

愿这场由本书开启的思想之旅，能够启迪更多研究者共同绘制技术与人本交融的法治新图景，让公平正义的阳光借助科技之翼，普照每个公民的数字生存空间。

高铭暄

2025 年 3 月于北京

序　二

当燕玲教授把这本前沿著作呈现在我面前时,我深感欣喜与振奋。本书以独特的视角,系统地探讨了人工智能技术如何推动法治均等化与可及化的实现,不仅涵盖了理论分析,还结合了丰富的实践案例,展现了燕玲教授深厚的法学功底和技术洞见。

燕玲教授在书中首先梳理了法治均等化与可及化在人工智能时代的机遇与挑战,通过对类案数字化、命名实体识别技术等具体应用场景的深入剖析,展示了人工智能在法律领域的广阔前景。尤其是在法律人工智能的实践探索部分,燕玲教授详细介绍了多种智能系统的实际应用,如企业合规数字一体化应用系统、智能量刑预测系统、智能刑事证据审查系统等,这些内容不仅丰富了读者对技术应用的理解,也为相关领域的研究人员提供了宝贵的参考。

特别值得一提的是,本书以优化营商环境为切入,构建法治生态系统模型,并在此基础上,对人工智能时代的精准量刑、网络犯罪、恐怖犯罪等疑难问题进行了深入的探讨,提出许多独到的见解和可行的方案,为司法实践提供了重要的理论支持。

通读全书，我感到燕玲教授不仅是一位优秀的法律学者，更是一位具备前瞻视野和技术素养的跨学科专家。她能够将复杂的法律问题与先进的技术手段有机结合，提出许多富有创新性的观点和解决方案。这不仅对学术研究具有重要意义，也为实际工作提供了有益的指导。

这种将前沿技术与经典法理相结合的研究范式，为人工智能时代的法治研究开辟了新路径。期待燕玲教授在未来的学术旅程中，能够继续深耕这一领域，尤其在人工智能伦理立法、算法透明度与司法公正性平衡、跨境数据治理等更具挑战性的议题上展开更深入的探索。同时，也期待这部著作能引发更多学者的关注，推动形成跨学科的研究合力。

人工智能时代的法治建设，既需要技术开发者对法律价值的敬畏，也需要法律人对技术逻辑的理解，更需要全社会对公平正义的共同守护。本书的出版恰似一盏明灯，既照亮了我们前行的道路，也提醒我们：在技术狂飙突进的时代，法治的温度与智慧，始终是人类文明最珍贵的底色。

最后，祝愿每一位读者都能从中获得宝贵的知识和灵感，共同为构建更加公平、高效、智能的法治社会贡献力量。

樊崇义

2025年3月于北京

前　言

党的十九届四中全会提出"推进基本公共服务均等化与可及性",这一战略部署从治理体系现代化的高度,揭示了制度供给与资源分配的公平性逻辑。基本公共服务作为国家治理的基础性工程,其均等化要求突破地域、城乡、群体间的制度藩篱,而可及性则强调服务供给与需求主体之间的有效衔接机制。这一双重目标与法治建设形成结构性呼应:法治作为现代治理的核心手段,其价值内核与运行机制同样需要遵循均等化与可及化的治理逻辑。所谓"法治的均等化与可及性",是指群众能获得大致均等的法律服务与法治产品,其核心是机会均等、全面普惠,旨在将"公共服务均等化"原则从社会保障、教育医疗等传统领域拓展至法律服务与司法保障领域,通过技术赋能与制度创新弥补城乡、区域、不同人群享受法律服务资源上的差距,解决法律资源分布不均、司法效率不足、权利救济门槛过高等问题,使公众共同享受法治中国的建设成果。

为了实现这一目标,我们不仅需要在法律制度上进行创新和完善,更需要借助科技手段,尤其是人工智能技术,提升法律服务的效率和质量。以量刑问题为例,我国量刑规范化与精准量刑的政策演进以技术赋能与制度约束的双向互动为主线,通过核心规范性文件构建"标准化框架—智能工具赋能—量刑逻辑可视化"的递进式改革路径:2010年《人民法院量刑指导意见(试行)》首次对15类常见犯罪确立"起点刑±调节刑"的量化模式,奠定量刑均等化的数学基础;2014年《关于常见犯罪的量刑指导意见》将罪名扩展至23类,明确基准刑计算规则与调节比例,通过"公式化"裁判防止法官滥用自由裁量权;2021年修订版《量刑指导意见》增设认罪认罚、刑事和解等动态调节因子,同步建立量刑偏离度智能预警机制,防止技术固化导致个案正义流失;2023年《关于加强人工智能司法应用的意见》将量刑模型纳入伦理审查,明确提出"将社会主义核心价值观融入司法人工智能技术研发、产品应用和服务运行全过程"。统一数学建模与全国类案数据池有效缩小了东中西部法院量刑差异,使欠发达地区获得与北上广同质化的裁判资源支持。与此同时,量刑计算逻辑可视化与偏离度预警机制使当事人更易预判裁判结果,司法可及性从"物理接近"升级为"认知可达"。

然而,在目前的司法实践中,依托大数据技术所形成的智能化应用,并且能够对法律内容进行精准分析的实践应用较为稀缺。在目前的法律应用系统建设中,更多的仍然偏向于流程化系统的建设以及数据图表的可视化应用。当前智慧司法的建设仍存在诸多问题,如"重建设,轻应用"的意识、深度学习等人工智能技术在功能开发中应用程度不高、司法大数据资源的效用远未发挥充分等。对此,需要在积极探索相关人工智能技术如何应用于智慧司法建设的进程中,有效地将人工智能技术与司法大数据资源深度融合,研发出高效、可靠的智能法律应用产品。

在司法大数据研究领域,理论探索更倾向于宏观命题和一般性原理,技术实现更倾向于事务管理性模式这一路径。对"人工智能+法律"的研究大抵仅能将人工智能作为一个概念、现象或者社会发展的前景,再进行研究。例如,在中国知网以"人工智能""法律"为关键词进行检索,可以发现,其研究范围大致为人工智能之法理、法律人工智能之伦理问题与中国经验及其优化路径、人工智能之算法风险及其应对,等等。这些研究固然重要,然而,人工智能的崛起所带来的问题治理只是法治均等化与可及化的一个侧面。如果只看到人工智能的负面影响,而未能发掘其积极意义,必然造成资源浪费,无法构建匹配现代文明水平的法治模式,难以达到应有的法治均等化与可及化水平。此外,人工智能是计算机科学的一个分支,其内含了机器学习、语言识别、图像识别、自然语言处理和专家系统等。这些科学知识对于相关新型犯罪的理解有重要意义。但是,当前研究往往局限于固有法学理论模型的应用,而忽视新型的犯罪现象。这使法学理论分析与技术现实情况相脱节,难以得出妥当的结论。因此,需要促进人工智能与法律深度融合,应用高科技解决经久难以克服以及层出不穷的法治难题。

基于此，本书秉承理论联系实际的治学精神，从人工智能与法律深度融合的新视阈剖析法治均等化与可及化的实现路径。本书总体上分成四章。第一章重点阐释法治均等化与可及化的时代机遇。本章从人工智能的发展阶段、人工智能法律应用的崛起以及人工智能法律应用的场景构建三个方面证成人工智能时代下法治均等化与可及化的发展趋势。具体而言，本章首先回顾了人工智能从萌芽到成熟的发展历程，探讨了人工智能在法律领域的应用前景，尤其是在类案数字化、智能合同审查、智能法规检索等方面的实践案例。这些案例不仅展示了人工智能技术在提高法律服务效率方面的巨大潜力，也为未来的发展提供了宝贵的借鉴经验。

第二章重点阐释公正量刑的均等化与可及化。本章贯彻量刑规范化的基本立场，指出大数据精准量刑的关键是精准描述司法理性，并进一步阐明大数据精准量刑的实现方法和路径。通过对量刑规范化的基本方法和路径的详细解析，本章揭示了量刑公正的重要性，以及大数据技术在其中的作用。具体而言，本章首先介绍了量刑规范化当前的价值所求，探讨了量刑的基本方法和路径，随后深入分析了大数据精准量刑的关键步骤和技术实现方法。通过这些内容，读者可以清晰地了解到大数据技术如何帮助法官在量刑过程中更加准确地把握案件特点，从而实现量刑的公正性和一致性。

第三章重点阐释正当归责的均等化与可及化。本章以人工智能的刑法责任分配为中心,着重剖析了网络犯罪治理及恐怖主义治理中的正当归责问题。随着互联网和人工智能技术的迅猛发展,网络犯罪和恐怖主义活动呈现出新的特点和挑战。本章通过分析网络犯罪的具体样态和恐怖主义行为的本质属性,探讨了在人工智能时代如何有效治理这些问题。同时,本章还详细阐述了网络犯罪治理的类型化、平台化和体系化路径,以及恐怖主义犯罪行为的刑法规制路径,为相关领域的法治建设提供了具体的指导和建议。

第四章则聚焦于营商环境法治的均等化与可及化。本章以智能合规在数字经济平台下的应用为基础,构建营商环境法治生态系统,并进一步分析营商环境法治建设中的食品安全问题。在数字经济快速发展的背景下,平台治理成为一个重要的议题。本章首先定义了数字经济下的平台治理,并从核心要素、层次化分析等方面进行了详细探讨。在此基础上,本章介绍了智能合规的发展及其在数字经济平台治理中的应用可行性,为未来的法治建设提供了新的思路和方法。最后,本章通过分析76份裁判文书,探讨了后疫情时代食品安全风险的规制路径,强调了食品安全风险的预防原则和规制路径的重要性。

综上所述,本书通过多维度的探讨和分析,系统地揭示了人工智能时代下法治均等化与可及化的实现路径。本书不仅关注了技术层面的创新和应用,更注重从法律制度和社会治理的角度,探讨如何通过人工智能技术提升法律服务的效率和质量,实现法治的均等化与可及化。具体而言,本书在以下方面有所突破。首先,理论与实践的结合。本书不仅从理论上探讨了法治均等化与可及化的重要性和实现路径,还结合了大量的实践案例,为读者提供了丰富的参考和借鉴。通过这些案例,读者可以更直观地了解人工智能技术在法律领域的具体应用,以及其带来的实际效果。其次,跨学科的研究视角。本书融合了计算机科学、法学、社会学等多个学科的知识,从多个角度全面探讨了法治均等化与可及化的问题。这种跨学科的研究方法不仅丰富了研究内容,也提升了研究的深度和广度。再次,前瞻性的思考。本书不仅总结了当前的研究成果和实践经验,还对未来的发展趋势进行了前瞻性思考。特别是在人工智能技术的不断发展和应用背景下,本书提出了许多具有前瞻性的观点和建议,为未来法治建设提供了新的方向和思路。最后,具体的操作指南。本书不仅提供了理论上的分析,还为实际操作提供了具体的指南和建议。例如,在量刑公正、网络犯罪治理、营商环境法治建设等方面,本书都给出了详细的实施路径和操作方法,为相关领域的从业者提供了实用的工具和参考。

  随着人工智能技术的不断进步和应用,法治均等化与可及化将迎来更多的机遇和挑战。本书的出版希望能够为学术界和实务界提供一个有益的参考,推动法治均等化与可及化的研究和实践走向新的发展。

CONTENTS 目 录

第一章　人工智能时代下的法治均等化与可及化发展趋势　001
第一节　法治均等化与可及化的时代机遇与困境　003
一、从人工智能到人工智能法律应用　003

二、人工智能法律应用的发展困境　008

三、人工智能法律应用的场景构建：以类案数字化为例　013

第二节　法治均等化与可及化之智能化的技术路径　019
　　　　——以命名实体识别技术为视角

一、命名实体识别在法律人工智能中之应用基础　020

二、法律规范文本中命名实体识别之实现路径：以法律检索为例　023

三、司法文书文本中命名实体识别的实现路径　028

第三节　法律人工智能的实践探索　035
一、法律人工智能在我国的兴起　035

二、法律人工智能在我国的应用　037

三、我国法律人工智能的发展趋势　045

第四节 法律人工智能的未来展望：从 ChatGPT 的诞生谈起 049
一、智能法务系统的一体化 050
二、智能法务运用场景的全面化和深入 053
三、司法大数据的多维深度加工 056
四、法律行业智能化的展望 063

第二章 人工智能时代下公正量刑的均等化与可及化 067
第一节 量刑规范化视角下的量刑公正 069
一、量刑规范化当前的价值所求 069
二、量刑的基本方法 070
三、量刑规范化的基本路径 074
四、结语 084
第二节 大数据精准量刑的关键是精准描述司法理性 084
一、精准量刑须依赖司法理性的实现 085
二、精准描述司法理性的步骤 087
三、精准描述司法理性的实现 091
四、结语 100
第三节 大数据精准量刑的实现方法与路径 101
一、问题的提出 101
二、精准量刑的理念前提 102
三、大数据精准量刑的方法：因合规而精准 105

四、大数据精准量刑的实践路径：因实证而精准　　110

第三章　人工智能时代下正当归责的均等化与可及化　　117
第一节　人工智能时代的刑法问题与应对思路　　119
一、问题的提出　　119
二、人工智能时代的犯罪主体蜕变　　119
三、人工智能时代的刑事责任与基本思路　　126
四、人工智能时代的刑法立法课题及其展开　　130

第二节　网络犯罪治理：类型化、平台化与体系化　　140
一、网络犯罪的具体样态　　140
二、分析与讨论　　147
三、网络犯罪治理模型展望　　149

第三节　人工智能时代恐怖主义犯罪行为的刑法规制　　150
一、人工智能时代恐怖主义行为的本质属性　　150
二、人工智能时代恐怖主义行为的样态　　153
三、人工智能时代恐怖主义行为的刑法规制路径　　159
四、结语　　164

第四章　人工智能时代下的营商环境法治均等化与可及化　　165
第一节　智能合规在数字经济下平台治理的应用　　167
一、定义与解释　　167
二、从定义看数字经济下平台治理的核心要素　　169

三、数字经济中平台治理的层次化分析　176
四、智能合规的发展　180
五、智能合规应用在数字经济下平台治理的可行性　183
六、未来与展望　185

第二节　营商环境法治生态系统模型构建　186
一、法治生态系统模型之证明　187
二、法治生态系统模型之构建　191
三、法治生态系统模型之适用　198

第三节　总结与展望　207

第一章

人工智能时代下的法治均等化与可及化发展趋势

当前，我国正努力推进法治中国建设和国家大数据战略。《国家信息化发展战略纲要》《中华人民共和国国民经济和社会发展第十四个五年规划纲要》等重要文件均对"人工智能＋法律"之应用作出相应指引。如何有效地将人工智能技术与司法大数据资源深度融合，形成高效、可靠的智能法律应用产品，实现人工智能法律的可及化和均等化，无疑是当下人工智能法律发展亟待解决的重点问题。基于此，本章就如何将法律与技术进行深度融合，打造出具有法律专家之逻辑推理和决策能力的智能化应用展开分析，并以类案检索的数字化实践路径加以说明。

第一章 人工智能时代下的法治均等化与可及化发展趋势

第一节 法治均等化与可及化的时代机遇与困境

随着人工智能的发展与应用，人类的生活方式随之发生了深刻的改变，同时推动教育、法律、产业结构等各方面走向智能化。譬如，在司法领域智能量刑预测系统的理论量刑预测与实证刑期分析"双系统"相互验证，说理充分，结果精准。人工智能运用于司法大数据中，是当前乃至未来"人工智能＋法律"应用的研究重点。

一、从人工智能到人工智能法律应用

(一)人工智能的发展现状

目前的人工智能技术以机器学习、神经网络、深度学习为基础。第一，机器学习系统可以快速应用大数据集的知识和训练，在面部识别、语音识别、对象识别、翻译及很多其他任务上，每前进一步都异常艰难，直到神经网络及深度学习算法的出现带来了突破。第二，神经网络是机器学习的子集。神经网络的原理是受人类大脑的生理结构——互相交叉相连的神经元启发。但与大脑中一个神经元可以连接一定距离内的任意神经元不同，人工神经

网络具有离散的层、连接和数据传播的方向。例如，可以想象把一幅图像切分成图像块，输入神经网络的第一层。第一层的每一个神经元都把数据传递到第二层。第二层的神经元也是完成类似的工作，把数据传递到第三层，以此类推，直到最后一层，然后生成结果。第三，深度学习是神经网络的子集。该模型表现出了远超过前一代神经网络的学习能力，在监督学习、非监督学习和强化学习等任务上都有很好的表现。

2023年3月，OpenAI推出ChatGPT-4，掀起人工智能技术新一轮的革命浪潮，全球人工智能发展开始形成多模态融合、专业领域深耕与物理世界建模三大技术演进方向。

第一，多模态融合方向的技术突破重构了人机交互范式。例如，OpenAI的ChatGPT-4o系统通过统一编码器架构实现文本、图像、语音的实时互译与生成，其跨模态对齐技术使机器能够理解草图生成三维建模代码，或根据语音指令动态调整视频内容。[1]又如，百度文心大模型在中文场景下突破语义鸿沟，其跨模态理解模块成功应用于工业知识图谱构建，通过解析设备运行日志与传感器数据实现预测性维护，显著提升制造企业设备管理效率。[2]这类系统的共性技术突破在于建立了跨模态信息的统一表

---

〔1〕参见《刚刚，GPT-4.5问世！OpenAI迄今最大、最贵模型，API价格飞涨30倍，不拼推理拼情商》，载机器之心，https://jiqizhixin.com/articles/2025-02-28。

〔2〕参见《文心一言官方发布：开启中文NLP新篇章》，载百度2025年1月16日，https://baijiahao.baidu.com/s?id=1821411250576554171&wfr=spider&for=pc。

征空间,通过注意力机制动态捕捉不同信息形态间的语义关联,使生成内容在逻辑连贯性上达到新高度。

第二,专业领域深耕方向的技术演进聚焦知识密集场景的效能提升。例如,中国技术团队同步突破物理仿真核心技术,深度求索(DeepSeek)研发的动态物理引擎引入材料力学仿真模块,可"强制模型学习振动信号与材料疲劳强度的物理关系"。[1]又如,彭博社 BloombergGPT 采用领域自适应训练技术,将非结构化金融数据转化为量化投资信号,其风险预测模型在多次市场波动中提前预警系统性风险,核心突破在于构建了金融知识蒸馏框架与事件链推理机制。[2]

第三,物理世界建模技术的突破正在消弭数字智能与实体环境的交互壁垒。例如,特斯拉 Optimus 机器人依托端到端神经网络架构,将视觉感知、运动控制与任务规划模块深度融合,其动态步态调整能力已能适应复杂地形变化,创新点在于构建了物理引擎与神经网络联合训练框架。[3]又如,英伟达通过神经辐射场(NeRF)技术构建高保真数字孪生系统,"对光的现实表现形式进行估计,帮助研究人员运用从不同角度拍摄的 2D 图像构建 3D 场

---

[1] 参见《DeepSeek 工业应用趋势与前瞻》,载经济与信息化网,https://www.enicn.com/Enicn/2025/article_0318/82941.html。
[2] 参见《金融大模型,在黎明破晓前》,载光子星球 2025 年 3 月 28 日,https://www.jiemian.com/article/10023408.html。
[3] 参见《特斯拉 Optimus:迈向实用化的人形机器人》,载雪球网 2024 年 5 月 6 日,https://xueqiu.com/9754679048/288958509。

景"。[1]这些系统的共同特征在于：建立真实世界物理规律的数字化映射，通过在线学习实现环境自适应，并利用多模态感知提升空间认知精度。

综上所述，多模态系统的因果推理能力增强，专业模型的跨领域迁移效率优化，以及物理建模的实时交互精度提升已成为未来技术发展将聚焦三大关键路径。据中国人工智能产业发展联盟预测，三大技术方向的交叉融合将催生新一代通用人工智能系统，推动制造、医疗、交通、法律等产业智能化转型。

(二)人工智能法律应用的崛起

在人工智能崛起的现代社会，法治建设在借鉴以往的传统模式的基础上，应结合新技术进行创新和调整，必须借助人工智能的科技力量，助力推动法治均等化与可及化的实现。

首先，人工智能助力解决法治难题。法治的生命在于公正，而公正的实现需要有充分的外部保障。这种保障，既体现为执法、司法权的正确运用，也体现为充分的人力、物力资源的投入。但这种保障在我国当前仍存在不足。如内蒙古呼伦贝尔巴某被判刑 15 年却未入狱一天；内蒙古自治区政法委就巴某长期脱管漏管之"纸面服刑"案，认定 84 名责任人，其中 10 人涉嫌违法犯

---

[1] 参见《"动"起来的图片：NVIDIA Instant NeRF 将图像变为 3D 场景》，载NVIDIA2024 年 4 月 17 日, https://blogs.nvidia.cn/blog/ai-decoded-instant-nerf/。

罪移送司法机关调查处理。[1]因此,如何加强执法司法质效监管,已是我国当前法治面临的一个重要命题。为此,最高人民法院和最高人民检察院近年持续推进智慧司法建设,向科技要公正要效率。这在司法实践中已经取得显著成效。可以认为,人工智能和法律的深入融合已成为我国政法领域全面深化改革的重要抓手和支撑;其既是现实所需,也是时代所趋。

其次,人工智能助力本土法治文化的创新。法治建设必须充分挖掘法治本土经验,构建法治本土文化。而本土法治经验的重要载体之一表现为司法大数据。当前,中国裁判文书网公布了大约1.2亿篇法律文书;在国家大数据战略的背景下,如何用好这1亿多的司法大数据,离不开人工智能技术的应用。人工智能技术对法律场景的深度描述,在实现层面上,可以说是用(软件)工程的标准检验法律本身完善性。换言之,以一种其他学科或者交叉学科的视角,审视法律的完备性,发现法律在实际运行中存在哪些"缺失",即跳出单纯的法律思辨,侧重法律运行的工程实现——"落地"。

最后,人工智能助力法治模式的完善。法律AI采用大数据驱动的法律人工智能技术,主要通过机器学习等算法来训练预测模型,其发展得益于机器学习与自然语言处理技术在法律文本大数据挖掘中的应用,使用机器学习算法来分析法律文本大数据,

---

[1] 参见《"纸面服刑"案调查结果公布:54人被处理》,载网易2021年4月7日,https://www.163.com/dy/article/G70G0SUI0521QBNK.html。

从而实现法律文本分类和摘要、类案检索、司法判决预测等功能。

二、人工智能法律应用的发展困境

当下人工智能的法律应用仍然存在诸多发展困境,未能实现法律与技术的深度融合,以下将对当前存在的发展困境进行类型化解析。

(一)信息提取的准确性困境

若法律人工智能被认为是通用人工智能的法律应用场景,那么会导致法律人工智能的研发以技术为导向。即以人工智能技术上的突破为导向,将法律知识直接嵌套在现有的技术模型之中。这种方式没有考虑到法律人工智能中法律知识的复杂性与法律需求的确定性之间的紧张关系,进而无法得出可靠的法律效果。[1] 法律作为国民的行动规范和司法人员的裁判规范,有较强的客观性和确定性;但与此同时,法律又是地方性知识,呈现发展性和复杂性。如果欠缺结构化的法律知识图谱、规则体系以及语言逻辑,就无法保证智能化技术对法律数据的处理与现实的法律知识体系相对接。

例如,自 ChatGPT 诞生以来,大语言模型应用于法律垂直领

---

[1] 参见施珠妹:《智慧法院建设与"大数据"质量》,载《东方论坛(青岛大学学报)》2019年第1期。

域并未取得显著成就。法律有其语言样式、价值内涵和逻辑构造；不同语言文化、不同地域背景下差异很大。在缺乏法律规制和法律逻辑干预的情况下，纯粹的技术应用难有法律内容的精准输出。通用大语言模型缺少对领域特定知识的训练语料；在法律这样需要高度"可信"的领域中，常常会因换一个字词导致法律关系构建出截然相反的结果；如中文中"定金"与"订金"仅相差一个字，但其含义与法律效力在合同法中却完全不同。目前，法律领域自然语言处理技术和法律领域知识构建与生成技术都存在"瓶颈"。[1]单纯训练数据量上的增加并不能解决法律人工智能中信息提取准确率低的问题。

(二)人工介入的效率性困境

当下，法律人工智能的数据训练和模型构建离不开人工介入。例如，语言模型能够通过机器学习大量文本数据，从而得出文本生成的不同概率，并根据概率高低优先选择高概率的预测文本内容。又如，"我今天喝了一杯"这个句子是不完整的。那么，接下来"喝了一杯什么？"需要人工智能根据词组出现的概率加以预测——有可能是喝了一杯咖啡，喝了一杯茶，也有可能喝了一杯开水，等等。若根据对文本数据的机器学习，得出"我＋喝了＋一杯＋开水"的概率更高的结论，就会生产"我喝了一杯开

---

[1] 参见王禄生：《ChatGPT类技术：法律人工智能的改进者还是颠覆者？》，载《政法论坛》2023年第4期。

水"的文本内容。

但是，在句子复杂化的情况下，传统语言模型的预测会遇到语义理解上的重大障碍。例如，在"我喜欢喝开水，但我不喜欢水货"的句子中，有两个"水"字，而这两个"水"字的语义显然不一样。如何让计算机区分二者就成为难题。一般的做法是，通过命名实体识别技术，对前后两个句子分别做标注，从而区分二者。这就需要不断地扩大标注的词库。又如，在法律人工智能中使用实体命名技术，法律规范文本数据集的实体标注，以及构建监督与半监督学习方式在实体识别的路径是必不可少的步骤。[1] 但是，在信息爆炸的现代社会，语词更新速度飞快。通过一个个词组的标注穷尽所有语词的表达方式及实质内涵，不仅是无法完成的任务，且成本效益的比值也值得怀疑。为提高案件信息提取的效率，有人采取"将一个半监督的法律实体嵌入相应模型中，从有大量裁判文书中的法律语料库中学习法律词语的含义，然后利用这些知识对一小部分带注释的法律案例进行事实检测分类器的训练"的自动分类匹配方法。[2] 然而，这种半监督的法律实体识别模式仍需要有大量人力的投入。这就使法律人工智能陷入效率性困境。

---

[1] 参见王燕玲：《论命名实体识别技术在司法大数据中的适用》，载《政法论坛》2022年第5期。

[2] 参见王燕玲：《论命名实体识别技术在司法大数据中的适用》，载《政法论坛》2022年第5期。

（三）数据训练的安全性困境

法律人工智能的训练与生成过程对国家安全、个人信息安全等重大利益都可能产生威胁。例如，在数据抓取与提供服务的过程中都存在个人隐私泄露的隐患。[1]一方面，数据抓取阶段，法律人工智能用于训练的数据源于互联网等各大平台信息。其训练数据库中势必包含众多个人隐私信息，给个人隐私的保护带来不确定因素。另一方面，法律人工智能在提供服务过程中，同样会收集用户的联系方式、地理位置等个人信息。这些个人信息将不可避免地被内化于具体语言模型，有可能违背"知情同意"原则将个人信息用于其他数据生产用途。另外，以大语言模型训练的法律人工智能，需要通过互联网抓取海量数据。在这些数据中，不排除存在虚假或错误信息的风险。[2]何况，人工智能的算法滥用和算法偏见至今仍是未能解决的问题。[3]法律人工智能的开发和应用也必须需面对安全性这一问题。

（四）智能输出的道德性困境

法律人工智能的技术依赖性一直备受警惕。[4]早就有人指

---

[1] 参见刘艳红：《生成式人工智能的三大安全风险及法律规制——以 ChatGPT 为例》，载《东方法学》2023 年第 4 期。

[2] 参见郭春镇：《生成式 AI 的融贯性法律治理——以生成式预训练模型（GPT）为例》，载《现代法学》2023 年第 3 期。

[3] 参见毕文轩：《生成式人工智能的风险规制困境及其化解：以 ChatGPT 的规制为视角》，载《比较法研究》2023 年第 3 期。

[4] 参见季卫东：《人工智能时代的司法权之变》，载《东方法学》2018 年第 1 期。

出，司法大数据与人工智能可能诱发司法固有属性被消解、法官主体地位被削弱，还可能导致司法改革目标转向简单的"技治主义"。[1]在大语言模型生成式法律人工智能中，这一问题显得更为突出。近期 Scientific Reports 发表的研究结果称，人类对道德困境的反应可能会受到生成式大语言模型人工智能所输出内容的影响。[2]另外，随着生成式人工智能的普及与输出内容的增加，AI 模仿生成语料进入社会交往与人机交互的过程中，并不断为机器自我学习所强化，将重复性的价值观念、选择偏好、思维模式等向用户持续输入，进而在使用 AI 的过程中加固已有舒适圈的边界壁垒，从而引发具身伦理危机。[3]同样道理，如果司法工作人员在作出裁判或者其他法律判断前都先通过生成式法律人工智能查找答案，就很容易受到人工智能生产的法律答案的束缚。这必然对自由裁量权产生严重的冲击。更严重的是，在普通民众都依赖生成式法律人工智能获取法律信息的情况下，很可能动摇司法机关以及其他国家机关所作决断的公信力。总而言之，法律人工智能的单项输出方式很可能削减法律工作者的思考能力以及普通民众对司法机关的信任感。

---

[1] 参见王禄生：《司法大数据与人工智能技术应用的风险及伦理规制》，载《法商研究》2019 年第 2 期。

[2] 参见张梦然：《最新研究：人类道德判断可能会受 ChatGPT 影响》，载腾讯网，https://news.qq.com/rain/a/20230407A0191O00。

[3] 参见唐林垚：《具身伦理下 ChatGPT 的法律规制及中国路径》，载《东方法学》2023 年第 3 期。

三、人工智能法律应用的场景构建：以类案数字化为例

所谓人工智能与法律深度融合，是指人工智能技术运用到法律业务的具体场景中，对具体场景下法律运行的素材、流程、逻辑、决策等进行深度描述；换言之，是人工智能技术对法律业务的深度模拟。这里的法律业务，包括法律运行的实体性业务，如量刑；也包括法律运行的程序性业务，如卷宗的审查；还包括执法、司法监督业务，如立案监督；以及对法律大数据深度挖掘，如司法大数据报告等。笔者以类案数字化为例，分析人工智能与法律深度融合的基本进路，揭示人工智能法律应用的场景构建因素。

（一）类案的界定

最高人民法院《关于统一法律适用加强类案检索的指导意见（试行）》（以下简称《类案检索意见》）第 1 条规定，"本意见所称类案，是指与待决案件在基本事实、争议焦点、法律适用问题等方面具有相似性，且已经人民法院裁判生效的案件"。其中，"基本事实"是对案件事实的一种客观性描述，极少有规范性分析和提炼；"争议焦点""法律适用"则是对事实的一种规范的提炼和总结。因此，类案检索针对的对象应该划分为两类：一类是针对具体案情，另一类是针对"争议焦点""法律适用"等非具体案情。就具

体案情之类案检索而言,"基本事实"是最佳的检索方式。

第一,检察院刑事办案人员初次接触到的案件素材是公安机关移送的案卷、起诉意见书等材料,而不是有关案件争议焦点和法律适用的争议记录。此情之下,办案人员以案件基本事实作为检索条件,符合实际所需和思维惯性。

第二,类案检索的目标当然是为了找到"真"类案;为此,就必须减少检索过程中的失真因素。"争议焦点""法律适用"对案情的传递不可避免地存在或多或少的失真性。相较而言,案件"基本事实"限于对一个案件的事实性描述,其传达的信息内容最为接近客观事实,具有最佳的信息保真性。

第三,办案人员常态下能直接获取到案件"基本事实",而往往需投入精力才能形成案件"争议焦点""法律适用";直接以"基本事实"进行检索,省时省力。

但是,在有"裁判要点""典型意义""司法观点"(如《最高人民法院司法观点集成》丛书之内容)之类的案例(非判决书)中,不能完全排斥"争议焦点""法律适用"作为具体类案检索条件。

综上所述,类案的判断方法如下:先以所选类案为基点,与待决案件在具体案情上进行比较,列出事实情节上的相同点和不同点,再结合具体的场合,针对所涉及的法律问题,比较确定相同点和不同点的相对重要性,最终作出是否属于类案的判断。因此,类案本质是定罪判断、量刑情节、判决结果的内在一致性。

(二)类案效力等级

《类案检索意见》第4条规定:"类案检索范围一般包括:(一)最高人民法院发布的指导性案例;(二)最高人民法院发布的典型案例及裁判生效的案件;(三)本省(自治区、直辖市)高级人民法院发布的参考性案例及裁判生效的案件;(四)上一级人民法院及本院裁判生效的案件。除指导性案例外,优先检索近三年的案例或者案件;已经在前一顺位中检索到类案的,可以不再进行检索。"由此可见,类案效力等级依次为:最高人民法院指导性案例、最高人民法院典型案例和生效案例、高级人民法院参考性案例和生效案例、上级和本级法院案例。

(三)案例匹配过程分析

中国裁判文书网有数量过亿的司法文书;任何简约式检索都会返回数量庞大的案例。如何筛选所需的案例,如何判断类案之类似程度,即案例匹配度,成为类案检索的核心所在。

首先,常态下,对于案由清晰或者类别明确的案件,可以将案由或类别设置为第一层筛选条件;对于案由或者类别不明确的案件,可以多选案由或类别(案例库中案例的案由或类别是确定的)。

其次,归纳案件主题,即案件最可能涉及的领域和范畴。例如,最高人民检察院历次发布的每一批指导性案例均围绕某一主题,如第二十一批指导性案例围绕"加强民事检察监督,精准服务民企发展"。值得注意的是,案例库中绝大多数案例(备选类案)并不如指导性案例这样从出生就自带主题。对此,不妨以案例文书名称中的案情词汇作为主题(如"陈某某危险驾驶案"的主题可以拟定为"危险驾驶"),由此实现类案关联。

最后,就案件基本事实,围绕行为提炼案情关键词。行为的组成要素可作细分。例如,在刑事案件中可细分为:行为方式方法、行为指向、行为对象、行为结果、行为地点等。又如,对枪击致人死亡案,行为的组成可划分为:用枪射击、击中头部、人、死亡、射击训练场。如果行为主体身份、动机目的等对案情有重大影响的,也应作为关键词。

上述三层筛选,逐步提高案例匹配度;最后对检索所得再稍加辅以人工选择的基础,确定最佳匹配度的案例。

(四)提取案例关键词的规则和方法

类案匹配系统中的案例是固定信息;匹配过程即寻找手头案件和这一固定信息的相似性的对比过程。因此,案例关键词和规则的提取方法应该基于案例这一固定信息进行构建。案例关键词和规则的提取方法,可以遵循以下原则。

第一,尊重现有案例关键词提取的规则和方法。这些规则和方法已经并持续在发挥作用;其直接效应是产生了大量的确定的关键词(如"两高"每一例指导性案例都自带若干关键词,每册

《最高人民法院司法观点集成》都附有数千上万个关键词），且这些关键词及组合本身与特定案例是彼此关联的。应遵照这些规则和方法，使对具体个案提取到的关键词和这些确定的关键词一致，以便快捷找到对应类案。

第二，尊重案例文书信息本身的表达方式。案例文书包含哪些部分，每部分的内容和类案匹配之间的关系，每部分的文字表达风格等，都值得琢磨。对刑事案例判决文书之案例的关键词提出，应该紧扣案件基本事实。另外，案例文书都采用书面语的专业表达方式；因此，对手头案件提取到的关键词，也应该是专业的书面语。如果检索输入的是口语化词语，自然难以直接命中类案（此时需要检索系统后台将这一口语化的词语转化为对应的专业表达，再以专业表达进行检索）。

第三，依案例文书类别分类构建关键词提取规则。如前所述，目前类案范围可包括判决书、指导性案例、典型案例、司法观点，这四类文书所承载的信息并非一致。针对一般判决书，应该围绕案情基本事实构建关键词；针对指导性案例、典型案例等，可以围绕法律适用构建关键词；针对司法观点，可以围绕争议焦点构建关键词。

第四，关键词的提取要避免个人喜好评价。寻找类案，应视为一个比对过程，和个人喜好无关，是一个客观评价。因此，个案关键词的提取本身就应该遵守客观原则，不能融入个人偏见的关键词。

(五)类案匹配的具体应用

1. 类案匹配的种类

第一,犯罪主体区分"个人"和"单位"。针对这些问题,首先筛选前提关键词,然后再根据该类型的数额或者行为去匹配类案。前提关键词需要根据案例而后决定。若案例有单位犯罪的关键词,即匹配单位犯罪;若无,匹配个人犯罪。

第二,确定行为类标签。行为类标签采用简单的关键词匹配的方法。例如,"入户盗窃",匹配关键词"入户盗窃"。但考虑到部分判决书会写"入室盗窃",所以采用语义分析的技术去匹配行为类的标签。

第三,确定金额类标签。金额类标签就是涉及金额的标签。以"数额较大"为例,先匹配"数额较大"关键词,筛选后再对具体数额进行匹配。也有无规范法律表述的金额类标签。又以"行贿数额20万元以上"为例,首先对于这个标签给予一个区间的限制,"行贿数额20万元以上"的区间限制就是20万元至正无穷;其次提取案例的行贿数额,看是否落入这个区间限制,落入即命中该标签;最后再对具体数额进行匹配。

第四,确定数额类标签。所谓数额类标签,是指除了金额类标签以外的数额标签。例如,重伤人数的匹配与无规范法律表述的金额类标签匹配近似。首先匹配到"重伤"这个关键词,其次抽取人数是多少,看是否落入标签的区间限制,然后匹配到这个标签,最后再去对具体的数额进行匹配。

2.类案匹配的顺序

类案匹配的顺序如下:(1)首先匹配定罪,再匹配从重、从轻。(2)类案匹配是采用包含关系。匹配定罪的时候,其顺序按照罪名模型中的组合的优先级匹配。例如,盗窃罪的定罪,数额较大定罪优先于多次盗窃定罪,若实际案例没有匹配到"数额较大",仅匹配到"多次盗窃",会排除掉比他优先级高的类案。那么就只会剩下"多次盗窃"定罪的类案了。(3)关于"升档"的类案匹配,升档组合的类案匹配与升档后的组合的类案匹配可以是一样的。例如,"数额较大50%+曾因盗窃受过刑事处罚"与"数额较大",类案匹配可以一样。

3.案例匹配段落的顺序

在判决书检索关键词:(1)针对金额类、数额类。段落顺序为:本院认为—本院查明—审理经过;(2)针对行为类标签。段落顺序为:本院认为—被告人信息。

第二节 法治均等化与可及化之智能化的技术路径
——以命名实体识别技术为视角

命名实体识别指的是识别出专有名词。这不仅是深度学习的关键性技术,也是应用于司法大数据智能分析的重要一环。命名实体识别技术是应用于司法大数据领域的重要技术，且有利于提升法律文本的智能识别效率，提高类案智能推送、法条关联推送的精准度，增进案例大数据实证分析的准确性。为此，本节首先阐明命名实体识别技术之基本原理，对其应用于司法大数据领域的可能性与必要性作进一步分析，并以法律规范文本和司法案例文本为主要分析对象，阐明命名实体识别技术在法律领域的实现路径，以期推动法律人工智能的均等化与可及化。

一、命名实体识别在法律人工智能中之应用基础

（一）命名实体识别技术之原理

命名实体识别技术即识别出专有名词，是关系抽取、文本摘要和机器翻译等自然语言处理中的一项重要任务，旨在从大量的非结构化文本中识别出相应命名实体，并将其分类为预定义的类型。命名实体识别一般分为三大类和七小类。三大类指的是实体类、时间类和数字类；七小类则指的是人名、地名、组织机构名、时间、日期、货币量以及百分数。它的主要任务在于，识别出文本中的人名、地名等专有名称和有意义的时间、日期等数量短语并加以归类。

命名实体识别技术在法律领域的应用主要包括，利用上下文针对法律文本、法律数据集的命名实体识别的研究；细粒度命名

实体识别在法律文本中的应用；设置裁判文书中的自动化抽取方法等。这对智能化分析法律规范文本、裁判文书等文本无疑具有正向效用。其主要功能和作用是将预先定义好的"实体"类型识别出来，它的基本步骤分为"词实体标注—单个实体识别—复合实体识别"，不同的实体有不同的标注方法。这为法律文本中的人名、组织名等实体的识别创造了底层技术逻辑，大量的实体类别通过技术手段识别，大大减少了人工标注所带来的偏差。例如，××律师作为代理人参加某机动车交通事故纠纷案。其中，原告、被告、委托代理人等即为命名实体，这可通过要素挖掘、语义检索、推理计算等识别出相应法律"实体"。这在法律人工智能应用中对于证据的分析、事件分析、时间分析、法律行为分析等要素的智能化识别具有重要的技术价值。

(二)命名实体识别于司法大数据应用之积极价值

利用命名实体识别技术识别出相应的"实体"，作为法律智能分析的前提，能够智能识别、抽取和分析法律文本，并以可视化的形式宣传、普及法律。智能系统正确说理的前提是要识别法律文本中的"实体"，这恰恰需要命名实体识别技术在司法大数据领域发挥作用。

就命名实体识别技术应用于司法大数据中的必要性而言，当下法律人工智能最具备挖掘潜力之一的乃法律规范文本。目前中国法律体系已然建立并逐渐健全，面对如此海量的法律规范文本，为了避免对法律教义解读的偏离、适法之不完全与困境等，通过命名实体识别技术提取法律规范文本中的"实体"尤为必要。其二乃裁判文书文本。海量的裁判文书是当前司法审判实务经验的汇集，在助力类案类判的过程中，对裁判文书的充分挖掘也能够推动法律的普及。因此，对两类法律文本的命名实体识别之应用，将促进法律人工智能的效能，提升法律普及之效度。

就命名实体识别技术应用于司法大数据中的可行性而言，已有命名实体识别技术已经应用于法律领域，并取得一定的识别效果。一方面，法律领域中的文本通常包含人名、地名、时间、日期等实体，其可以成为识别的对象。命名实体识别的核心是对文本"实体"进行自动标识，这为法律文本中的大量"实体"提供了识别的技术可能性。另一方面，在司法实务中，命名实体识别为司法大数据资源之智能分析提供了技术支撑，并经过机器深度学习，形成法律文本的智能分析系统，精准分析法律规范文本、司法案例等。

(三)命名实体识别于司法大数据应用之法理根基

在构建命名实体识别的底层逻辑时，应当重视法律解释的主体间性。所谓主体间性，即"主体间或主体际，指的是两个或两个以上主体的关系。它超出了主体与客体关系的模式，进入了主体与主体关系的模式。就单纯的主体与客体的关系而言，主体所面对的是客体，他人也被视为客体；而在多主体的关系中，他们所面对的既有主体之间的关系,也有主体与客体之间的关系"[1]。从主体间性出发,可以推导出主体与文本之间的互动性。不同的主体以其自身的前思维碰撞文本中的信息,从而实现主体与文本距离的拉近。法律文本识别就要充分考虑到不同主体的可能需求。尤其在司法大数据中,精准地捕捉关键信息是命名实体识别的重要目的。只有把主体和文本可能产生的主观互动作为识别逻辑的前提,才能让纷繁复杂的信息接近主体预设和期待。简言之,主体间性是实体命名识别于司法大数据应用的法理根基。在构建命名实体识别的技术逻辑时,必须综合考虑文本与主体的关系以及法律规范文本与案件事实文本之间的关系。

二、法律规范文本中命名实体识别之实现路径:以法律检索为例

在法律人工智能发展过程中,宣传、普及海量的法律规范需要借助技术手段分门别类地呈现不同级别的规范,避免法律文本在适用时的冲突。因此,根据法律规范文本的特性,结合命名实体识别的基本原理,从方法论的角度阐明命名实体识别在法律规范文本检索中的应用,成为当下法律人工智能发展过程中的一种路径。具体而言,可通过"法律规范文本数据集—实体标注与识

---

[1] 郭湛:《论主体间性或交互主体性》,载《中国人民大学学报》2001年第3期。

别—深度学习训练模型"之步骤具体化。

（一）法律规范文本数据集的构建

法律文本数据集的构建包括构建阶段、逻辑、方式、文本挖掘、排序以及信息检索与数据集之间的匹配等内容。

第一，在法律规范文本数据集的构建阶段，应将法律语言转换为自然语言处理。法律规范文本数据集的建立分为几个阶段：第一阶段是收集、整理我国已发布、正式生效的法律规范性文件，准备好构建数据集的法律数据。第二阶段是数据转换阶段，通过深度学习方法将法律规范文本转换为自然语言。第三阶段是改变数据集阶段，即通过命名实体识别使数据集的挖掘更加有效。

第二，在法律规范文本数据集阶段性构建指引下，还需要对法律文本按照一定的规则排序。这一排序规则既要符合法律规范的效力等级，也要反映使用给定学习策略的深度学习系统之技术逻辑。一方面，应按照法律的效力层级对法律规范文本数据集排序。另一方面，为了提高检验的精度，机器学习时应设定具体的学习目标，确定检索优先推出"实体"的标准。

第三，构建法律规范文本数据集的过程中，还需解决法律文本挖掘问题。典型的法律规范检索系统应是从数据集中选择相应文本，以响应用户的查询，并根据这些文本与查询信息的相关性对其进行排序，这就需要将"文本表示"与"查询表示"进行匹配来实现。法律中文本挖掘的大多数示例涉及信息提取、文本分类、文本聚类或者文本摘要。

总而言之,构建好的法律规范文本数据集,是将当前我国已经颁布的法律规范整理成数据库,将整体法秩序转换成数据库。在检索时,即可按照相应的级别呈现与检索相关的内容,有助于提高法律检索的效率与普及的广度。

(二)法律规范文本数据集的实体标注

在法律规范文本数据集构建之后,如何将其中的实体从数据集中精准地提取出来成为问题。这涉及命名实体识别中的语义类别,应根据法律规范的语义对其中的实体进行标注。

首先,应明确法律领域实体标注的原则。标注法律规范文本数据集中的"实体",应注意如下原则:一是法律规范文本中所使用的类别必须是反映那些典型的决策实体,如法律规范的标题名,以方便民众检索时直接查询到文本标题;二是对法律规范文本中的分类必须关注决策差异化高度相关的实体,以便查询时呈现直接相关的内容。

其次,应明确法律领域实体标注的方式。一方面,可以通过人工标注,将法律规范文本中的分词进行实体标注,以避免法律实体中没有统一定义造成的疏忽。另一方面,可以根据法律规范的结构、特定的格式进行自然标注。为区分相关法律实体,应对法律规范所规定的要件进行解构,并予以标注。在自然标注的过程中,应考虑实体的多标签分类,将不同法律规范中的"实体"整合成法学多学科词库。在法律规范中的"实体"被标注之后,其才能成为自然语言处理的对象,以便在机器深度学习之后成为被识别的实体。

由此,在数据集构建好并在法律文本中的实体标注之后,从数据集中选择反映查询的实体之过程大抵如下:识别、分析法律文本中的单个词,删除与查询无关的法律实体,寻找到法律文本检索系统中语义差异较小的词组,利用统计学方法将词组(短语)表述为索引术语,将数据集中的实体做"重要性指标"或者"术语权重"比,匹配检索之信息与实体。

(三)法律规范文本数据集中深度学习模型训练

在法律规范文本数据集以及实体标注之后,对于法律规范的检索并不能达到智能化的程度,为此,尚需深度学习的应用。深度学习(Deep Learning)作为机器学习的分支,是一种以人工神经网络为架构,对资料进行表征学习的算法。法律规范智能检索系统的基础在于,需要跨越深度学习的"语言鸿沟",将法律语言转换为自然语言。法律规范文本数据集的构建已实现了法律规范的整理、分类,且带有的实体标注为文本挖掘、识别等提供了前提条件,也是法律语言与自然语言之间转换的"加速器",在一定程度上消除了法律语言语义识别的模糊性,为命名实体识别构建了清晰的识别对象。

首先,应确立法律文本数据集深度学习的方式。深度学习可能存在算法"黑箱"。法律人工智能的发展要面对价值判断,一种可行的方式是将标注形成的法律规范文本数据集价值化,降低算法"黑箱"所带来的实体识别模糊化。为了避免传统机器学习所造成的误差,应采取监督学习、半监督学习和无监督学习相结合的方式,以提高实体识别的精度。

其次,为处理法律规范文本中实体识别,需构建监督与半监督学习方式在实体识别的路径。具体如下:其一,基于法律语言的非结构性特征,自上而下进行定义,这主要是由法律专家根据法律规范文本的属性进行概念的解构;其二,基于法律规范中的结构性语言,如法律规范的章节标题、固定用语等,自下而上进行学习,该种学习方式是出于法律语言的特征,使用(半)自动自然语言处理技术对该概念结构的逐步完善,最大限度地提高所获知识的完整性和领域特性。

最后,应训练和评估具有多重语义的法律命名实体。对法律规范数据集中的实体进行大型语料库的预训练,然后在监督下进行训练。此时可以对语料库中未识别的实体进行再标注、再学习,然后对最终任务进行培训。

综上所述,命名实体识别的应用在一定程度上丰富了法律规范检索的智能化程度,能够帮助广大民众在知法、懂法、守法、用法的过程中,辅助检索、分析法律规范以作出判断。通过法律规范文本数据集、法律"实体"标注、深度学习模型训练等逐步提升智能法规检索等的体系性、便捷性、精准性,实现关键词关联检索,形成法律规范间的知识图谱。以此降低普通民众检索法律、使用法律的"门槛",让并未受过法学教育的普通民众也能在法律人工智能的辅助下,得到较为理想的检索结果。从这一点来看,命名实体识别推动下的智能法规检索有利于法治的均等化与可及化。

三、司法文书文本中命名实体识别的实现路径

(一)命名实体识别在司法文书中的实现路径

在将命名实体识别应用于具体场景之前,应解决其中的共性问题,即命名实体识别在司法文书中的具体实现路径。

首先,通过对裁判文书进行拆分解构,可以发现其具有如下特征:

其一,人名、地名、组织机构名等命名实体较多,基于对个人隐私的保护,裁判文书一般对人名会采取隐性处理,这加深了实体识别的难度和模糊性;地名、组织机构名同样也可能会被隐性处理,但相较人名而言频率较低。

其二,专有名词较多。例如,原告人、被告人、上诉人、辩护人等。

其三,与法律规范条文交叉融合,裁判文书中存在大量引用法律条文的现象,进而干扰了对案件智能分析的准确性。

其四,裁判文书中的实体存在融合或嵌入现象,如"江西省南昌市青云谱区人民法院",既含有地名(江西省南昌市青云谱区),

也含有组织机构名（江西省南昌市青云谱区人民法院）。另外，裁判文书中的法律规范、相关司法解释的名称通常很长，致使识别的时间或者法律规范的名称通常不确定，也就导致命名实体识别的规则难以确定。

在归纳裁判文书的命名实体的特征之后，可通过"知识树构建（实体标签、属性标签等）—智能抽取要素（命名实体识别、事件抽取等）—智能生成图表"三个步骤实现裁判文书的命名实体识别与要素抽取（见图1-1）。

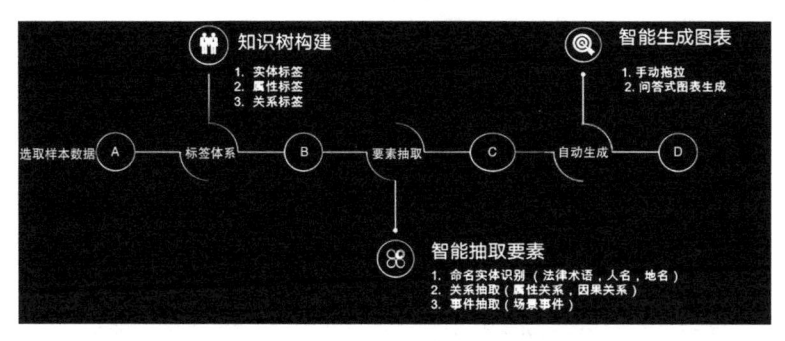

图1-1 裁判文书命名实体识别步骤示例

其次，应提高识别裁判文书中相应实体的精准度。通过融合多个模型进行裁判文书实体识别，一方面，裁判文书的"实体"呈现多样性等特征，这为机器深度学习之后的自动标记带来了难题，需要融合多种实体识别模型，自动扩充裁判文书命名实体识别的标记数据。另一方面，在技术层面，应融合多种模型的命名实体识别。例如，可以结合多特征的条件随机场（Conditional Random Field, CRF）模型和基于超图的非连续法律实体识别方法，对"自首""诈骗罪""具体规范名称"以及规范条文的具体内容等法律"实体"进行识别（见图1-2）以解决实体识别的精度问题。

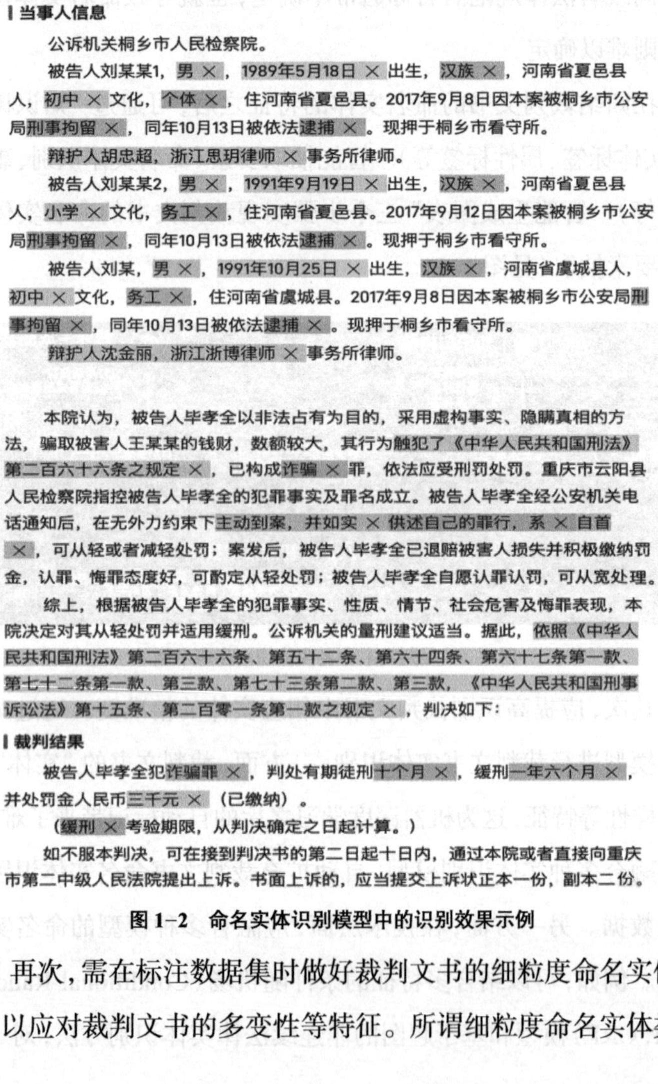

当事人信息

公诉机关桐乡市人民检察院。

被告人刘某某1，男 ×，1989年5月18日 × 出生，汉族 ×，河南省夏邑县人，初中 × 文化，个体 ×，住河南省夏邑县。2017年9月8日因本案被桐乡市公安局刑事拘留 ×，同年10月13日被依法逮捕 ×。现押于桐乡市看守所。

辩护人胡忠超，浙江思玥律师 × 事务所律师。

被告人刘某某2，男 ×，1991年9月19日 × 出生，汉族 ×，河南省夏邑县人，小学 × 文化，务工 ×，住河南省夏邑县。2017年9月12日因本案被桐乡市公安局刑事拘留 ×，同年10月13日被依法逮捕 ×。现押于桐乡市看守所。

被告人刘某，男 ×，1991年10月25日 × 出生，汉族 ×，河南省虞城县人，初中 × 文化，务工 ×，住河南省虞城县。2017年9月8日因本案被桐乡市公安局刑事拘留 ×，同年10月13日被依法逮捕 ×。现押于桐乡市看守所。

辩护人沈金丽，浙江浙博律师 × 事务所律师。

本院认为，被告人毕孝全以非法占有为目的，采用虚构事实、隐瞒真相的方法，骗取被害人王某某的钱财，数额较大，其行为触犯了《中华人民共和国刑法》第二百六十六条之规定 ×，已构成诈骗 × 罪，依法应受刑罚处罚。重庆市云阳县人民检察院指控被告人毕孝全的犯罪事实及罪名成立。被告人毕孝全经公安机关电话通知后，在无外力约束下主动到案，并如实 × 供述自己的罪行，系 × 自首 ×，可从轻或者减轻处罚；案发后，被告人毕孝全已退赔被害人损失并积极缴纳罚金，认罪、悔罪态度好，可酌定从轻处罚；被告人毕孝全自愿认罪认罚，可从宽处理。

综上，根据被告人毕孝全的犯罪事实、性质、情节、社会危害及悔罪表现，本院决定对其从轻处罚并适用缓刑。公诉机关的量刑建议适当。据此，依照《中华人民共和国刑法》第二百六十六条、第五十二条、第六十四条、第六十七条第一款、第七十二条第一款、第三款、第七十三条第二款、第三款，《中华人民共和国刑事诉讼法》第十五条、第二百零一条第一款之规定 ×，判决如下：

裁判结果

被告人毕孝全犯诈骗罪 ×，判处有期徒刑十个月 ×，缓刑一年六个月 ×，并处罚金人民币三千元 × ×（已缴纳）。

（缓刑 × 考验期限，从判决确定之日起计算。）

如不服本判决，可在接到判决书的第二日起十日内，通过本院或者直接向重庆市第二中级人民法院提出上诉。书面上诉的，应当提交上诉状正本一份，副本二份。

图 1-2　命名实体识别模型中的识别效果示例

再次，需在标注数据集时做好裁判文书的细粒度命名实体分类，以应对裁判文书的多变性等特征。所谓细粒度命名实体类别是与粗粒度实体类别(人名、位置、组织机构、时间日期等)相对应的。以文书中"当事人信息"为例,其细粒度可以分为:当事人的性别、年龄、职业、学历、民族、籍贯、住址等(见图1-3)。

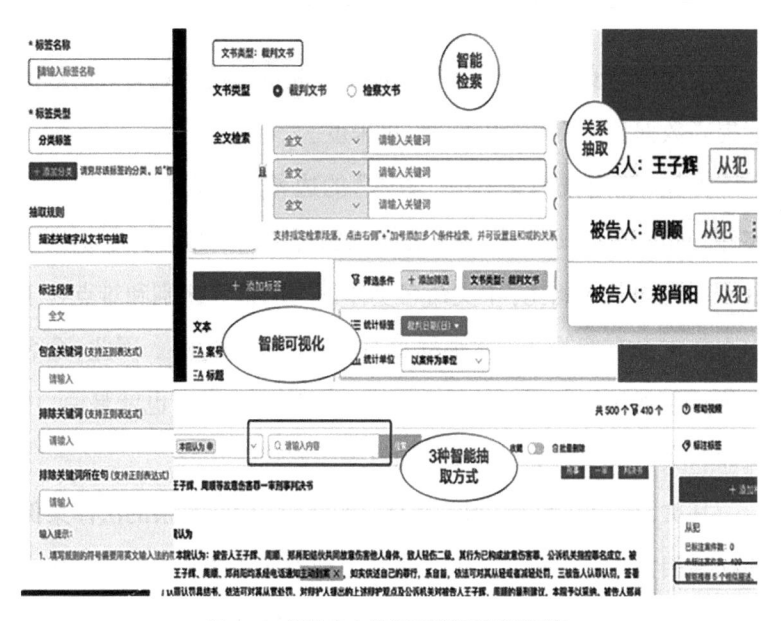

图1-3 细粒度实体识别的识别效果示例

最后,标注、分类法律领域的"实体"后,还需要通过"数据增强"(Data Augmentation)将标注后的实体随机重新组合,再将新组合与数据集中的实体进行比对,并予以替换,提升裁判文书数据集的主动学习能力。另外,与人名、地名或组织机构名称等实体相比,法律数据集中的名称、时间、日期等实体的分布范围更广,加上部分裁判文书的语言并不是很规范,可能存在重复使用实体或者没有统一引用相关实体(如法规名称、组织机构名等)的情形。

这就需要细粒度分类覆盖类型迥异的法律"实体",使用数据增强功能来丰富命名实体的训练数据集,优化和拓展不平衡的实体。

(二)智能实证分析系统应用的实现路径

应用命名实体识别技术等辅助手段获取到的客观有效的数据能提高数据整体质量与可信度、可采度。

首先,确定裁判文书中"实体"的边界。裁判文书中的通用实体,如辩护人、原告等遵循实体识别规则极大地提升了识别的效率。但与英文相比,中文命名实体识别的最大区别和难点在于中文文本没有像英文文本那样具有明确的单词边界。因此,命名实体识别的第一步是确定字的边界,也就是分词。也就是说,中文命名实体识别会受到中文分词效果的影响。

其次,确定裁判文书中"实体"的匹配,即将复杂的法律案例匹配到相关的法律条文之中。自动识别中文法律文本中的法律术语是法律大数据结构化处理的基础。在条件随机场模型的构建过程中,结合法律领域实体的内外部特征,定义分为词序列、词性、词长、是否左边界词、是否右边界词5种特征进行构建。[1]不断精确地表征深层的法律语义分布,将裁判文书中所关联的法条精准地予以识别。

最后,对法律案件进行自动分类匹配。第一,确定研究范围,

---

[1] 参见黄菡、王宏宇、王晓光:《结合主动学习的条件随机场模型用于法律术语的自动识别》,载《数据分析与知识发现》2019年第6期。

从而明确实体识别的类型、边界等,如确定故意杀人罪的研究课题即为了确定实体识别的具体范围。第二,对相关的实体在文书中进行标注,并将相关法律事实与法律规范匹配、分类。第三,对同类案件进行自动分类匹配。例如,针对故意杀人罪案件中适用逮捕、监视居住的案件,通过标注之后可以自动分配匹配。这一过程的实现可通过三种智能抽取方式,即智能检索、关系抽取、智能可视化方式,对裁判文书进行分解。而后再根据法律规范的结构性语言、上下文特征等进行深度学习,以获得法律依据标注的完整性,最终可将类案智能标记并推送(见图1-4)。

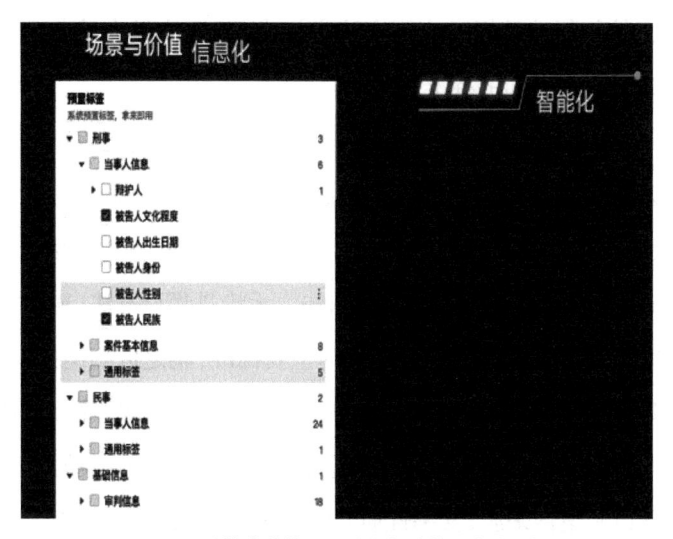

图1-4 法律案件的实证分析智能抽取方式示例

(三)智能类案关联系统的实现路径

司法裁判文书中的诸多法律"实体"需要利用命名实体识别

技术等人工智能手段进行识别、清洗,以推动现代法治的普及。可通过机器深度学习技术中的高精度预测法以及文本分类法等方法支持命名实体识别在类案推送中的应用。

首先,应明确类案的相似性标准。"判断类似案件的主要标准是争议点相似和关键事实相似;辅助标准是案由和行为后果相似。"[1]针对裁判文书类案推送任务,基于裁判文书在篇章结构和语言表达方面的特征,从裁判文书案情内容的抽取、案情内容中不同词性类别词项的权重分析、案情内容中未登录词的识别、案情内容中数量表述的相似度计算等角度展开模型构建。[2]这说明,确定案件相似性的标准应既有法学标准,又要有贴合裁判文书特征的人工智能方面的标准。

其次,应明确类案推送的多模型融合方法。确定该标准正如实体识别模型的选取应融合多种模型一样,不应只着眼于某一种方法,而需要检验其推送的效果。确定案例相似度的方法包括最近邻法、归纳推理法和基于知识的索引法。无论是哪种方法,确定类案应以案件的争议焦点和关键事实为主要标准,辅之以归纳推理、类比推理、遗传算法等人工智能技术方法,并检验其相似性,最终目的是输出"类案"。同时,将类案检索呈现的结果按照权威类案、普通类案以及案件来源、文书性质、审理程序等方式表现出来。

---

[1] 高尚:《司法类案的判断标准及其运用》,载《法律科学(西北政法大学学报)》2020年第1期。

[2] 参见王君泽等:《裁判文书类案推送中的案情相似度计算模型研究》,载《计算机工程与科学》2019年第12期。

最后，应对类案的相似性进行检验。在检验相似性时，命名实体识别技术所发挥的作用尤为重要。一方面，可以确定相似实体并予以识别；另一方面，案件在被识别过程中，法律语义的关联性、相似性等因素应当通过数据增强等深度学习方法予以辨识。

法治的均等化与可及化旨在彰显社会公平正义，命名实体识别技术这一新兴工具对于法治的建设作用在于作为提升识别的精准性、呈现可视化的工具。自然语言处理中命名实体识别等人工智能技术的快速发展，使单靠人工手段解决司法大数据资源的方式已成为"过去式"，利用命名实体识别等技术方法将技术与法律深度融合，并应用于司法大数据资源则成为可能。这也是法律人工智能可及化和均等化实现的技术基础之一，具体可以通过智能法律法规关联、类能类案关联、智能案件分析、智能类案类判等应用中得以实现。

第三节　法律人工智能的实践探索

一、法律人工智能在我国的兴起

早在20世纪60年代，我国已有文献介绍人工智能概念。[1]

---

[1] 参见胡世华：《控制论的发展》，载《科学通报》1965年第10期。

到了20世纪80年代，开始有学者研究电脑量刑。[1]这是我国法律人工智能研究的开端。而法律人工智能在我国真正兴起是2010年以后的事情。这是因为，在信息社会初期，信息的输入、汇集、运用都局限于孤立的场域，无法实现法律数据的有效转换。因此，法律应用的信息化充其量只能是简单的法律数据库和法律条文检索。直至大数据、云计算等数字技术的出现，法律人工智能才成为可能。数字化有整体性、高整合性和全连通性等特点。在数字技术的加持下，庞杂的法律语言、规则及逻辑能实现高效整合和连通，并准确输出符合用户需求的内容。例如，通过传统RNN+CRF网络以及Bert相关预训练模型的自然语言处理（NLP）技术，完成法律文书中命名实体识别、关系抽取、事件抽取等法律文书中的核心信息抽取以及关键信息挖掘、构建法律知识图谱等应用场景，从而实现法律法规和类案的智能化检索。

我国的法律人工智能正从技术导向型向技术与法学深度融合型的方向发展。在过去，法律人工智能被认为是通用人工智能的法律应用场景。这种理解导致法律人工智能的研发以技术为导向。即以人工智能技术上的突破为导向，将法律知识直接嵌套在现有的技术模型之中。这种方式没有考虑法律人工智中法律知识的复杂性以及法律需求的确定性之间的紧张关系，无法得出可靠

---

[1] 我国较早研究电脑量刑的学者有史建三、胡继光、赵廷光等。参见《电脑量刑目击记》，载《法学》1986年第9期；赵廷光：《〈电脑辅助量刑系统〉的一般原理》，载《中国法学》1993年第5期。

的法律效果。法律作为国民的行动规范和司法人员的裁判规范，有较强的客观性和确定性；但与此同时，法律又是地方性知识，有发展性和复杂性。如果欠缺结构化的法律知识图谱、规则体系以及语言逻辑，就无法保证智能化技术对法律数据的处理与现实的法律知识体系相对接。例如，ChatGPT诞生以后，生成式大语言模型技术备受关注。但是，人们很快就发现，无论怎么投喂，ChatGPT都难以生成高准确率的答案。这是因为，法律有其语言样式、价值内涵和逻辑构造。不同语言文化、不同地域背景都有很大的差异。在缺乏法律规制和法律逻辑干预的情况下，大语言模型没有办法对这些内容进行结构化的处理。需要用业务规则，法律规则和知识图谱等结构化的法律知识干预技术模型，强化语言理解和推理能力，提供全面的法律知识视角，使技术能够最大限度达到法律知识的呈现效果。可以说，法律人工智能的兴起正是法律和技术不断融合的过程。

二、法律人工智能在我国的应用

在大数据时代，法治主体获取数据的途径和能力都大为增强。传统的法治观念或法律理论无法快速、有效地应对各种数据差异及冲突。就此而言，人工智能是当下法律应用必不可少的辅助工具。在现实中，人工智能技术的深入运用，也实现了以往司法难以完成的任务。实践中，人工智能技术正在刑事司法领域全面推广。主要表现在以下方面。

1. 智能量刑系统实践

人工智能量刑辅助系统脱胎于20世纪80年代的电脑量刑。但囿于时代的局限性，电脑量刑没有普及化。如今，已进入大数据时代，人工智能技术也得到飞跃式的发展。人工智能量刑辅助系统的可行性和必要性正不断彰显，成为法律人工智能兴起的突出领域。例如，在智能量刑领域，"小包公"智能量刑预测系统是其中的佼佼者。该系统精准提取量刑要素，通过NLP、语义分析等功能实现"一次操作、两套结果"；其中，理论量刑预测系统根据量刑规范，智能测算，实时展示刑期及其法律依据，呈现规范化量刑表格；实证量刑系统基于司法大数据，提供类案分布与刑期可视化分析；双系统彼此印证，最大限度实现精准量刑预测，精准推送关联法规和类案。[1]

2. 智能办案系统实践

"智慧法院"建设被纳入《国家信息化发展战略纲要》《"十三五"国家信息化规划》等规范之中，成为国家发展战略的一部分。目前，人民法院信息化建设已进入3.0版时代，大数据管理与服务平台、司法公开平台、业务办理信息化等，推动着智慧法院的目标实现。在地方刑事司法实践中，上海刑事案件智能辅助办案系统（"206"系统）是其中的代表。"206"系统依托互联网、大数

---

[1] 参见高景峰：《数字检察的价值目标与实践路径》，载《中国法律评论》2022年第6期。

据、云计算等现代科技,充分运用图文识别(OCR)、NLP、智能语音识别、司法实体识别、实体关系分析、司法要素自动提取等人工智能技术,制定统一适用的证据标准指引及证据规则指引并嵌入公检法三机关的刑事办案系统,[1]实现对办案人员统一证据标准、证据规则的指引和单一证据校验、证据链及全案证据审查,并能提供要素式提问的指引。[2]又如,江苏省检察机关研发了"案管机器人"。其相关系统涵盖对检察业务全过程的监督管理,实现了实时期限预警、风险预警、办案活动出错提醒等智能化办案监督,显著地降低了对领导审批式监管机制的依赖。[3]

在智慧法院的实践基础上,最高人民法院提出数字法院的发展方向。2024年的最高人民法院工作报告指出,"推进全国法院'一张网'建设,以数字法院助力提质增效"。贾宇指出,与传统的智慧法院相比,数字法院具有重大优势：首先,从依赖结构化数据到广泛利用非结构化数据;其次,从碎片化的系统到整体性的系统;再次,从技术业务二元割裂到融为一体;最后,从自研自用到全域共享。可以预见,数字法院、数字检察将引发司法模式和检察模式新变革,进一步赋能法治现代化的具体实践。与此相

---

[1] 参见杨焘:《数字化证据标准的合理性及限度分析——以上海"206"智能系统为关注点》,载《四川师范大学学报(社会科学版)》2020年第5期。

[2] 参见崔亚东:《司法科技梦:上海刑事案件智能辅助办案系统的实践与思考》,载《人民法治》2018年第8期。

[3] 参见《江苏:"案管机器人"在全省检察机关上线运行》,载最高人民检察院网站2017年8月2日,https://www.spp.gov.cn/dfjcdt/201708/t20170802_197356.shtml。

对,最高人民检察院《2023—2027 年检察改革工作规划》(以下简称《改革规划》)也明确提出"深化实施数字检察战略"以及"健全数字检察制度体系,提升新时代法律监督质效"。

在此背景下,各地政法机关单位开展新一轮人工智能法律应用探索。在司法机关的办案系统方面,广东省深圳市深圳中院研发了人工智能辅助审判系统,并完成了全国首个司法审判垂直领域大模型预训练,初步形成了人工智能司法应用规则,从而将人工智能与司法审判工作深度融合,有效推进审判工作高质量发展。[1]在检察机关的办案系统方面,2024 年以来,广东省清远市佛冈县检察院秉持"数智赋能、检技融合"理念,将 DeepSeek 与检察办案实现融合。如在办理涉毒品案时,该院检察官运用清远市检察机关工作网部署的 DeepSeek 智能编程,将"毒品贩卖上下家账户信息"设为关键词,自动解析微信交易数据,锁定案件关键证据,准确认定犯罪事实。[2]无独有偶,浙江省杭州市两级检察机关主动探索 DeepSeek 与检察业务的融合应用,如杭州市院运用DeepSeek 开展法律监督模型的建用,梳理业务逻辑、提炼监督规

---

〔1〕参见章程:《覆盖审判业务 85 项流程!粤这家法院在全国率先研发 AI 辅助审判系统》,载广州日报 2025 年 1 月 10 日,https://baijiahao.baidu.com/s?id=1820872018528813193&wfr=spider&for=pc。
〔2〕参见《数字检察 | 智能化应用深度融入检察办案》,载清远检察微信公众号 2025 年 4 月 27 日,https://mp.weixin.qq.com/s?__biz=MzA5MDA0MzY2MQ==&mid=2649548362&idx=2&sn=2183d4c2e349f1bb397850629f7de52a&chksm=8916451e9a93a259c295535ef4f39fce2ee87a65540e7ca0983f192291a0889ec78613c48fd3d&scene=27。

则、生成代码算法,从而更加精准和高效地发现法律监督线索。[1]在公安机关办案系统方面,智能情报编撰、智能化笔录制作等九个方面有实质性的突破。[2]例如,山东省济宁市公安局建立完善"专业+机制+大数据"新型警务运行模式,推动大数据与警务实战深度融合,为平安济宁建设注入科技动能。[3]又如,山西省太原市公安机关以建立健全"专业+机制+大数据"新型警务运行模式为牵引,聚焦多发矛盾纠纷,坚持实战导向、靶向发力,依托信息化手段赋能矛盾纠纷排查化解。[4]

3.智能风险管理系统实践

企业合规在企业健康发展中的基础性意义已成共识。人工智能技术不仅可以处理简单、高频的合规工作,节省人力,提高效率,还能够总结已发生的合规事件或合规风险,沉淀合规专业能力,避免事随人迁。[5]"将人工智能等数字技术融入企业合规

---

[1] 参见《当检察官遇上DeepSeek:开启"数智检察"新体验》,载杭州检察微信公众号2025年2月25日,https://mp.weixin.qq.com/s?__biz=MzA5MTgwODIzMw==&mid=2654535297&idx=1&sn=631f7107225c1083bf5d7ae9b511ee2b&chksm=8a132616cbb862baf8dbe48095e5618f6026b469d5e9ac54357ad7f2adc63a64682216c7987c&scene=27。

[2] 参见《科技赋能提升公安机关新质战斗力》,载中华人民共和国公安部2025年4月6日,https://www.mps.gov.cn/n2255079/n9365801/n9574397/n9574432/c10036630/content.html。

[3] 参见李胜男:《人工智能绘就平安济宁新图景》,载齐鲁网2025年4月25日,https://news.iqilu.com/shandong/shandonggedi/20250425/5805061.shtml。

[4] 参见《向"新"而行 以"质"图强,来自公安系统的全国人大代表谈提升公安机关新质战斗力》,载中华人民共和国公安部2025年3月10日,https://www.mps.gov.cn/n2255079/n4242954/n4841045/n4841050/c9998048/content.html。

[5] 参见童玲:《大数据与智能驱动的合规平台实践》,载《金融电子化》2017年第5期。

整改的方案意义重大,作为企业治理方式,这不仅与企业数字化转型的要求相吻合,而且是技术创新发展的必然产物"。[1]可以说,"'技术赋能'已然成为公司风险治理的发展方向"。[2]其中,主要包括人工智能技术在公司风险审查、公司风险监测、风险信息更新以及智能风险预警这四个方面。[3]在市场需求的驱动下,以"小包公企业合规大师"为代表的智能合规系统被应用于合同合规环节,以实现合同审查自动化,大大提升了工作效率。[4]腾讯的"AI合同助理"围绕合同的全流程场景,推出"AI智写—智审—智签—智取"的全流程服务,全面提升合同流转效率,降低企业安全风险。[5]也有学者进一步提出构建完整的企业合规数字一体化应用系统,从合规风险体系性防控的角度升级企业反腐机制,打破"信息孤岛",实现法务、财务、业务、审计等环节的一体化。[6]

---

[1] 马明亮:《合规科技在企业整改中的价值与实现路径》,载《苏州大学学报(哲学社会科学版)》2022年第4期。

[2] 陈景善:《人工智能协同公司风险治理的规范化进路》,载《比较法研究》2024年第6期。

[3] 陈景善:《人工智能协同公司风险治理的规范化进路》,载《比较法研究》2024年第6期。

[4] 参见谭世贵、陆怡坤:《优化营商环境视角下的企业合规问题研究》,载《华南师范大学学报(社会科学版)》2022年第4期。

[5] 参见《腾讯五大协同办公产品AI升级:从单点提效迈向全流程智能》,载新浪财经2025年5月21日,https://finance.sina.com.cn/tech/roll/2025-05-21/doc-inexiine8006033.shtml。

[6] 参见王燕玲:《民营企业腐败风险防范的"全生命周期"合规机制构建研究》,载《贵州大学学报(社会科学版)》2023年第3期。

4.智能律师业务系统实践

在数字化转型浪潮中，律师行业正经历着前所未有的效率革命。例如，上海的律师行业引入 DeepSeek 大模型系统，使 200 页的尽调报告分析完成时间从 3 天缩短至 3 小时。可以说，AI 技术已成为法律人不可或缺的专业助手。[1]其中，最令人瞩目的无疑是律师全流程智能办案系统以及智能法律专家系统。全智能咨询系统（FSC）能够自动接管客户咨询，并通过主动追问和反问，获取更全面的信息。同时，系统能够识别并提取客户对话中的关键信息，进行结构化处理，快速生成专业的法律建议方面，小包公的全流程系统支持批量或单独导入各类证据材料，通过先进的 AI 技术，依据案由规则自动解析证据信息，精准归类、生成详尽的证据目录。同时，小包公法律 AI 还能够结合提炼的争议焦点，系统遵循最高人民法院类案检索的优先级，智能匹配并推送相关司法实践中的类似案例，进而生成预测性的裁判文书并进行卷宗归档。[2]在智能法律专家系统方面，大模型技术的发展起到特别重要的作用。法保网利用大模型研发了全智能咨询系统（FSC）与全智能撰写系统（FSW）。全智能咨询系统（FSC）能够自动接管

---

〔1〕 参见《技术赋能专业：DeepSeek 助力上海律师高效办案与风险防控》，载上海律协公众号，https://mp.weixin.qq.com/s?__biz=MjM5MDIxODEzOQ==&mid=2650383764&idx=1&sn=5a325412e8118611b46b624e7ce2a39b&chksm=bfaacd51b7dfe3a0525e31b0007743993a80a32f67198a4813a157a5568f34c7707c20d623b6&scene=27。

〔2〕 参见《全国首创：一键实现证据提取到要素式文书生成智能办案系统！》，载小包公法律 AI 公众号 2025 年 1 月 13 日，https://baijiahao.baidu.com/s?id=1821116179550134087&wfr=spider&for=pc。

客户咨询,并通过主动追问和反问,获取更全面的信息,快速生成专业的法律建议。全智能撰写系统(FSW)能够基于现有材料(如起诉状、判决书与委托书等),提取核心信息,自动生成一系列法律文书。[1]又如,小包公·法律AI基于先进的通用大模型如DeepSeek,将对法律规则的深刻理解、对知识图谱的精细构建以及最前沿的智能化技术深度融合,能够对案件具体事实和争议焦点的多维分析,实现类案的即时匹配与推送。[2]

5. 智能科研系统实践

法律人工智能的兴起,带来了法学科研方法的革命。我国法学研究对外来理论工具有比较严重的路径依赖,对本土资源缺乏主体性的深度发掘。这主要源于大样本实证研究的高门槛。且不论实证方法在研究范式上与教义学有较大的出入,不少实证问题的研究涉及数万个样本。[3]这足以让一般的研究者却步。对于这一问题,法律人工智能的兴起提供了解决的契机。"强求计算机去描述人的思维固然不太现实,但这并不意味着计算机完全无法模拟人的思维,特别是在事实清楚的前提下,把握并适用边界明确的法律规则是可欲可为的。"[4]小包公法律实证分析平台(以下

---

〔1〕 参见《5月12日 法保网「LawOne」重磅发布:"AI+法务专家"双引》,载法保网公众号,https://mp.weixin.qq.com/s/60KCmidVHEpCWwnSdWh2AQ,最后访问日期:2025年5月12日。

〔2〕 参见《小包公智能法律专家【类案智推】系统,AI让法律触手可及!》,载小包公法律AI公众号,https://mp.weixin.qq.com/s/QPS8xwqFcbpXL3ez6HRyFA,最后访问日期:2025年2月12日。

〔3〕 参见白建军:《论刑法教义学与实证研究》,载《法学研究》2021年第3期。

〔4〕 左卫民:《大数据时代法学研究的谱系面向:自科法学?》,载《政法论坛》2022年第6期。

简称小包公平台)正是近年智能实证系统的典型例子。有学者利用小包公平台对是否需要提高收买被拐卖妇女罪的量刑问题,在小包公平台可按照需要设定样本来源,将收买被拐卖妇女案件中存在的相关性情况进行分析,如地域分布、各案件中贩卖妇女的数额、收买人的犯罪目的、与收买行为并罚的他罪等诸多维度,进而得出相应的分析结果。[1]

三、我国法律人工智能的发展趋势

我国法律人工智能的发展如火如荼,呈现出两个趋势。在智能化的领域上,既有流程管理智能化,也有实体判断智能化;在智能化的手段上,既有以技术为导向的智能化,也有以法律为导向的智能化。从目前的发展趋势来看,我国的法律人工智能正以法律为导向,向一体智能化的方向发展。

1. 流程管理与实体判断的一体智能化

所谓流程管理的智能化,是指通过人工智能技术,使包括司法机关在内的特定部门的内部管理流程实现智能化的项目归类、协同操作、审批监控、数据储存等效果。

与流程管理智能化不同,实体判断智能化是通过人工智能技术实现对具体法律问题作出判断,从而得出符合法律和事实的结

---

[1] 参见徐梦梦:《司法大数据应用的应然态度》,载《社会科学家》2022年第6期。

论。正如程序正义和实体正义是法治的两翼,流程管理智能化和实体判断智能化对于法律人工智能而言同等重要。流程管理智能化有助于提高程序效率以及降低程序风险。实体判断智能化则有助于帮助司法工作人员提高回应法律问题的效率和正确率。事实上,不少司法机关同时开展流程管理和实体判断的智能化系统建设工作。[1]例如,上海市人民检察院购置检察业务应用系统 2.0。该系统在与其他司法部门数据互通、检察信息化、落实检察权力清单等流程管理问题上实现智能化,有效地提高办案效率和办案质量。[2]与此同时,上海市人民检察院还将具有预测量刑幅度功能的"小包公"量刑辅助系统与检察业务应用系统 2.0 对接,实现流程管理智能化和实体判断智能化的并轨。这也是今后法律人工智能发展的大趋势。

2. 从以技术为导向转向"以法律为主导 + 以技术为支撑"

在过去很长的一段时间里,人工智能法律应用的研发主要以技术为导向。即,依赖通用智能技术的进步来提升法律智能化的水平。但是,这种研发路径很容易陷入技术主义的窠臼,无法体现法律的专业性。因此,应提倡一种"以法律为主导 + 以技术为支撑"的研发路径,即在现有通用人工智能技术的基础上不断介

---

[1] 参见《小包公科技强检建设"智能量刑预测系统"在上海市人民检察院落地应用》,载新浪微博 2023 年 6 月 19 日,https://weibo.com/ttarticle/p/show?id=2309404914350283686055。

[2] 参见王冬、朱玲:《检察业务应用系统 2.0 探索智能化应用》,载中华人民共和国最高人民检察院网站,https://www.spp.gov.cn/spp/zdgz/202111/t20211103_534394.shtml。

入法律专业知识规则和特定场景的训练,构建高效准确的输入效果。二者的关键差异在于有没有进行干预,有没有利用技术来对这些数据进行有效的训练,并形成与法律适用目标关联的逻辑体系。

首先,在既定的技术水平下,以技术为导向的法律人工智能无法与具体法律场景相匹配。如果只是将通用型人工智能技术直接应用于具体的法律场景,没有结合法律本身的内容领域和业务场景进行有效的这种训练,那么,人工智能技术在法律领域只能停留在表层应用,不可能有准确的输出。只有以业务为出发点去实现这种技术的支撑。尽管同样应用到这个以技术为导向的这些公司的那种技术底层,却强调以符合法律的知识和业务场景的方法对现有的智能模型进行干预。其次,法律的专业槽很深,很难以其为导向激发人工智能技术的变革。人工智能技术的发展需要大量的投入。这就要求必须有广泛应用的行业场景做支撑。因此,目前的人工智能技术发展都有广泛的应用性,不限于一些个别行业。无论是国家还是民间资本,都不可能为法律的智能化去开发一项需要巨大投入的底层技术。这就决定了以技术为导向的法律人工智能只不过是在现有智能技术的基础上对法律的表层应用,不可能产生专门适用于法律场景的重大技术突破。因此,以最先进的人工智能通用技术作为基础,结合法律规则和知识图谱加以调整和训练,是有效推进法律人工智能发展的手段。

以法律实证分析为例,不少实证问题的研究涉及数万个样本,而在这些样本中,有些问题的用语是固定的,如地域分布、数额、年份等诸多维度。[1]但是,这些维度只不过是基本现象的描述,并不涉及法教义的具体分析。一旦涉及法教义学的分析,就很可能对同一法律问题适用不同的用语。同时,实证研究并非价值无涉,必然有价值判断的干预。那么,在实证样本的筛选过程中很可能因为不同的价值导向有不同的取样结果。[2]"只有当概念、理论命题转换为可度量的变量、指标以及可检验的工作假设时,才可能实现刑法教义学与实证研究之间的无缝对接"。[3]这就使得法律实证研究分析的智能化充满难度。如果只是简单地在通用人工能技术中导入法律概念,就很难得出实证研究者所需求的输出结论。"强求计算机去描述人的思维固然不太现实,但这并不意味着计算机完全无法模拟人的思维,特别是在事实清楚的前提下,把握并适用边界明确的法律规则是可欲可为的"。[4]只有对现有的人工智能模型不断调适和训练,构建在法律规则和知识图谱框架内的特有模型,才能实现真正意义的法律人工智能。如今,有不少学者使用小包公法律实证分析平台进行实证研

---

〔1〕 参见徐梦梦:《司法大数据应用的应然态度》,载《社会科学家》2022年第6期。
〔2〕 参见李强:《面向刑法教义学的实证研究》,载《政治与法律》2021年第12期。
〔3〕 参见白建军:《论刑法教义学与实证研究》,载《法学研究》2021年第3期。
〔4〕 左卫民:《大数据时代法学研究的谱系面向:自科法学?》,载《政法论坛》2022年第6期。

究。[1]这大概是因为该平台深度挖掘维度,完成数据分析等重要功能。但是,这其实是大量技术人员根据法律规则和知识图谱夜以继日地训练、优化法律字段抽取模型的结果。由此看来,在未来很长一段时间内,法律人工智能应"以法律为主导+以技术为支撑",注重法律规则、知识图谱与最先进的通用智能技术深度融合。

第四节 法律人工智能的未来展望: 从 ChatGPT 的诞生谈起

法治均等化的问题主要指法律服务需求者无法享受到均等的法律服务,可及化问题指法律服务资源的触及难度高。如果没有智能工具,法治均等化和可及化就只能靠更多的法律服务人员,或者更多的法律援助律师和基层法律服务工作者来解决,但是这样的解决方式在短时间内较难达成较好的效果。所以,通过

---

[1] 参见徐梦梦:《司法大数据应用的应然态度》,载《社会科学家》2022 年第 6 期;周鹏:《脱逃罪追诉时效问题研究》,载《中国应用法学》2022 年第 5 期;张显伟、柯丁炜、张芸凤:《我国盗窃罪认罪认罚案件量刑影响因素解析——基于 16740 份刑事判决书的实证分析》,载《辽宁公安司法管理干部学院学报》2022 年第 5 期;劳需靖:《认罪认罚对审前羁押影响的实证研究——基于盗窃与故意伤害案件裁判文书的比较》,载《辽宁公安司法管理干部学院学报》2022 年第 3 期;李庆航:《大数据时代电信网络诈骗的二元侦查模式》,载《广州市公安管理干部学院学报》2022 年第 2 期;刘文林:《〈民法典〉生态环境修复责任司法适用实证研究》,载《昆明学院学报》2022 年第 5 期。

智能化推动法治均等化与可及化就变成了比较可行的路径。而ChatGPT就为智能化提供了想象空间。

一、智能法务系统的一体化

（一）ChatGPT为法律人带来的新思考

ChatGPT于2022年11月30日发布，迅速获得社会各界的广泛关注。ChatGPT不仅可以基于语境与人类进行互动，甚至可以完成论文、翻译、编程等任务，其法思想可以带给法律人工智能很多借鉴。ChatGPT使用了基于人类反馈的强化学习（Reinforcement Learning with Human Feedback，RLHF）与人类的学习过程非常类似。

以法律从业者为例：法律从业者进入法律行业之前通常已经具备了基本的法律知识和法律思维（对应预训练的语言模型A），最初的训练是让法律从业者可以根据案件情况分析得出可能的结论（对应模型A产生一系列输出a），由资深法律从业者（对应模型B）提供指导（调优模型A，使模型A的输出更符合标注者的预期）。既然ChatGPT的训练方法与法律从业者的培养方法类似，如果采用相同的方法训练深度学习模型，有可能让深度学习模型像法律从业者一样，完成法律咨询、合同审查、案件裁判等任务，或者至少可以为法律人完成这些任务提供帮助。

(二)传统法务的工作方式

面对常见的业务参与各方存在信息差的问题,专业的企业法务部门一般会采取 BP(Business Partner,商业伙伴)+COE(Cenier of Excellence,业务专家)模式。COE 法务一般都被要求具有知识产权、合规、诉讼等特定专业领域的背景,工作内容专注于特定领域。

"BP+COE"模式一般的分工如下:BP 律师负责对接具体业务部门,跟进具体商业业务,也包括一般业务的合同审查等问题,在遇到特定领域的法律问题时会同 COE 律师进行研究处理;COE 律师负责会同 BP 律师处理特定领域的法律问题,同时处理公司层面的特定专业领域的法律问题,如专利申请、专利诉讼、隐私合规等。

"BE+COE"的工作模式具有一定的优势:BP 律师对接具体业务,对具体业务熟悉,了解业务运行模式,更容易从商业角度处理法律问题;COE 律师研究特定领域的法律问题,覆盖全面的业务领域,可以解决复杂疑难的特定领域法律问题。

但是这样对工作任务按类别进行处理的工作方式也存在一些不足:COE 律师相对远离业务部门,不清楚业务部门的运营方式,在特定领域给出的解决方案不一定符合业务开展的需要;BP 律师无法把控特定领域业务的复杂程度,无法准确判断隐患的存在并进行处理,导致业务在存在风险的状态下推进。

(三)法律人工智能的现状

法律人工智能并非尚未起步,目前市场已经存在多种多样的法律人工智能产品,但是能打通各个业务的法律人工智能尚未成熟。现有的法律人工智能都只针对特定的业务领域,例如,面向法院、检察院用户的量刑预测工具;面向企业的合同审查和智能合规产品;面向研究人员的实证分析工具,没有形成功能齐全的统一体。出现这种现象的原因如下:(1)大部分法律人工智能从业人员都只对特定领域的法律问题有深度研究,并不是对每个法律业务领域都有充分的研究;(2)由某一领域的数据训练得到的机器学习模型无法通用于各个领域;(3)数据标注和训练成本高。针对这些原因,ChatGPT作为一种技术,向法律人展示了人工智能更强大、通用的能力,让通用的法律人工智能成为可能。

(四)人工智能驱动的法务一体化

法务一体化的目的是打破BP和COE之间的壁垒,使信息在业务部门、BP律师、隐私律师之间畅通无阻,减少各方的信息差,助力法务人员作出更精准的判断,同时实现对合同全流程的管理,确保各个业务的环节合规合法。

以ChatGPT为代表的人工智能在帮助法律人实现法务一体化方面有得天独厚的优势:(1)在知识和数据方面,计算机可以存储大量的数据,而人工智能可以在海量的数据中发现有效的知识,其中一部分可能是法律从业者已知的知识,另一部分是法律从业者尚未发现的知识,使法律从业者对风险的把握更准确;(2)将业务的法务审查流程保持在线上进行,所有的业务流程全部有线上的记录,保留证据痕迹,可以在发生诉讼等情况时提供证据以便有效维权;(3)经过人工智能提炼总结的信息可以提供给各方阅读,减少各方的信息差,使业务涉及的各方全面了解业务的情况,并能够基于自身的知识和经验提供更准确的建议;(4)人工智能在进行对法律领域的学习后,可以像 ChatGPT 一样,胜任法律业务领域的各项工作,还可以通过学习人工已有的经验,给出更合理的处理建议。

ChatGPT 为法律人打开了新的想象空间。随着企业、科研机构等对法律人工智能的投入增加,法律人工智能必将有机会改变律师、企业法务、公检法等原有法律相关工作的工作模式。本书将从最广泛的企业法务领域展开,分析人工智能应用于企业法务的前景。

二、智能法务运用场景的全面化和深入

现有的法律人工智能在企业法务的应用主要集中在合同审核、合同履约、诉讼管理三个部分。在市场大部分的法律产品中,这三个部分处于相互分离的状态,没有有机统一。除了应用场景不全面,智能法务还存在应用场景不够深入的问题。一般的法律

科技产品都只对可能存在的风险进行提示，未达到细化风险类型的地步，这也是法律科技产品无法广泛推广的原因之一。对此，智能法务实现应用场景的全面化和深入化，为企业法务工作贡献更多的力量。

（一）合同审核

当前，法律人工智能可以识别特定的条款是否缺失，但是无法作出更深层次的分析和判断，例如，无法识别具体内容的缺失、无法判断约定的具体内容是否合理、无法判断约定的内容是否不利于己方。导致这种现象的原因可能是当前的技术还无法对具体的约定对象进行准确识别，其根源在于缺少可以抽取信息的规则方法或缺少已经标注的数据。

结合深度学习的法律人工智能也许可以改进上述问题。通过深度学习模型可以从语义的角度更深入地解析条款中和生效案例中各方的关系，可以针对条款中的各种类型的风险作出准确的识别和提示，并推送和条款约定最接近的司法观点。同时，深度学习模型也有可能识别更多类型的风险，可以满足智能法务运用场景深入化的需要。

（二）合同履约

现有的合同履约任务通常包括：准确提取己方和相对方需要履约的事项、时间节点；己方和相对方是否按时履约；己方和相对方履约的相关证明；己方和相对方权利义务完成的进度和状态；经过管理层审批、签字盖章等必要流程后，可以流转至履约流程；在合同中识别和自动化提取履约事项、时间节点，在对应的时间节点给出履约提示以及保留相关证明材料等。

尽管如此，现有的智能法务系统也没有得到深化应用。基于深度学习的法律人工智能可能革新现有的智能履约方案，进一步推进智能法务运用场景的深入化。一方面，智能履约系统可以与智能审核阶段打通，将需要明确的事项告知所有相关方，在履约阶段对审核阶段发现的风险点持续关注，还可以使用基于深度学习的法律人工智能准确、全面地抽取履约事项、履约时间；另一方面，基于司法大数据，可以分析对于具体的履约事项，采用何种材料可以更好地证明履约情况，在可能存在的诉讼中取得优势。

(三)诉讼管理

在法律人工智能的基础上，人们可以对智能法务应用于诉讼管理有更多的展望。一方面，通过打通之前单独存在的履约管理流程，可以直接取得各个履约节点的证明材料，并根据司法大数据的提示，增加相应的证据进行补强；在法务准备诉讼材料时，系统可以根据法务的诉讼请求向法务提供与场景一致的司法观点，以供法务人员参考。另一方面，可以根据法务人员提供的诉讼请求、系统中存在的已有证据，自动生成诉讼文书，提高法务人员在诉讼阶段的工作效率。

智能法务运用场景的全面化和深入化需要依靠对司法大数据的深度加工，司法大数据的深度加工也是法律实证研究、智能法检业务的基础之一，也是法律人工智能研发中训练数据标注会涉及的重要工作。下文将对司法大数据的多维深度加工进行展开，分析司法大数据需要经过怎样的加工，才能更好地服务于法律科技产品研发和法律人工智能的研发。

三、司法大数据的多维深度加工

司法文书的数据的特点包括：(1)结构具有比较清晰的划分和明显的特征，同样类型的文书结构的变化不大；(2)文字的表述相对规范，句子的结构相对比较完整，出现不规范的表达的可能性较小；(3)逻辑相对完整，逻辑要件缺失的情况较少。基于此，如果要充分地挖掘司法大数据中所包含的信息价值，需要对司法大数据进行多维度深度加工。

（一）司法大数据的维度

对司法大数据的分析，可以分为将司法大数据作为整体呈现的宏观维度和司法大数据中每个样本个体所呈现的微观维度。宏观维度是对微观维度所呈现规律的统一体现。

1. 微观维度的司法大数据

微观维度的司法大数据是具体的个案案例，具体的个案案例通常会包括案件所涉及的、与案件判决结果具有一定关系的全部信息。这些信息都是辅助法务人员对类似问题作出判断的依据。以民事判决书为例，每种微观维度的要素具备的价值列举如下。

（1）当事人信息：可以用来分析个体的涉诉情况，在合同审查中，可以辅助实现对合同相对方信用情况的判断，有效规避履约能力不足、容易发生违约和纠纷的合同相对方；

（2）诉讼代理人信息：可以用来分析律师曾经处理过的专业领域，辅助对律师的特长作出判断；

（3）基本案情：可以作为类案匹配的一部分，也是对大数据分析中难度较大的部分，因为基本案情通常都是叙述性的语句，规范程度较低；

（4）证据：可以用来分析证据的证据能力和证明力，为履约过程中需要提交何种证明提供参考；

（5）一审、二审、再审：可以用来区分不同阶段的司法观点，并以此判断各阶段的司法观点是否成立；

（6）司法观点：可以用来得到针对特定法律问题的裁判思路和结论。

对司法大数据的多维度处理有助于充分挖掘司法大数据的价值，通过已经发生的诉讼中包含的各种信息来为计划进行的业务作出风险提示，可以有效地避免由于法务人员知识经验的局限而导致的无法准确把握风险点的问题。

2. 宏观维度的司法大数据

宏观维度的司法大数据可以反映出大量裁判文书中普遍存在的规律。个案所呈现的个体问题不一定存在普遍性,但是如果个体问题的出现具有一致性,就可以通过宏观维度的司法大数据得到具有普遍性的规律,对法务人员有更高的参考价值。

还是以民事判决书为例,民事判决书的各个要点可能具有的价值列举如下:

(1) 当事人信息:每个涉诉个体的对方当事人的分布情况可以呈现涉诉个体的业务情况和经常陷入的纠纷类型;

(2) 诉讼代理人信息:律师处理的法律纠纷类型的分布情况可以呈现律师所擅长的各个业务领域以及在对应领域取得的成绩,用于对律师的业务能力作出判断;

(3) 证据:从各类证据证明力的分布情况可以得到有关各类证据的证明力的统计结论,证据与可以证明的案件事实之间的关系;

(4) 一审、二审、再审:可以得出何种纠纷更容易进入二审、再审的规律,每一类型的基本案情进入二审、复审的概率以及每一类型的司法观点进入二审、再审的概率;

(5) 司法观点:可以用来归纳经常出现的争议问题和争议结论,作为类案匹配的依据,可以根据争议结论的情况,判断诉讼请求被支持的概率。

宏观维度的司法大数据价值至今还很少被开发,其原因可能在于对司法文书的各部分信息挖掘不够充分,没有对司法文书做更深度的结构化解析,以至于无法充分利用算法探寻其中规律。

(二)司法大数据的深度加工

在现有的状况下,司法大数据的深度加工会是一个逐步向ChatGPT靠拢的循序渐进的过程,这个过程可能主要有正则加工、机器学习加工、深度学习加工三个阶段。

1. 正则加工

所谓正则加工,是指通过裁判文书中提取的关键词信息,对裁判文书的各部分加以划分。例如,民事判决书中,当事人信息、基本案情、司法观点等信息都有明确的关键词作为标志,使用正则表达式可以利用这些关键词准确地对民事判决书的各个部分作出划分。正则表达式的加工虽然具备容易操作,对计算资源要求低,短时间内可以达到较好效果的特点。但是,正则加工也有容错率低、不能语义理解、难以扩展等缺陷。所以,仅依靠正则表达式进行法律大数据的深度加工是不够的。

2. 机器学习加工

机器学习算法具有较强的可解释性,适合用来对特征较强的数据进行分析。在经过正则标注了一部分的带有标签产生的数据之后,可以使用机器学习的算法对数据进行进一步的标注,以得到更多的带有标注的数据,以便后续进行深度学习模型的训练。

机器学习算法的标注虽然相对正则表达式的标注具有泛化能

力强、可解释性强等优势,但是也存在无法更深度地发现司法文书的逻辑等问题。此时就有赖于具有扎实的法律理论功底和丰富的实践经验的法律专家,对法律大数据进行有效的分析与管理,并将之转变成机器学习的相关运行机制,教会机器如何去挖掘司法经验。

3. 深度学习加工

深度学习采用 RLHF 方式的深度学习模型可以基于已标注数据对预测数据的标签,由人工对预测是否准确进行反馈,并基于人工的反馈调整模型,使数据的标签更符合人工预期。除了 RLHF 方法,还可以适用神经规则引擎的方法对规则进行泛化,以提升标注的效果。深度学习模型标注,结合已经存在的正则表达式标注和机器学习算法标注,可以使标注的准确率提升,之后对已有标签的标注也可以不再依赖正则的扩充和机器学习算法,到达数据标注的理想状态。

在对数据进行了比较完善的标注之后,继续使用深度学习模型进行训练和处理,就可以直接触及向用户呈现的内容了。此时,基于这些标注数据训练特定的深度学习模型,可以胜任智能审核、智能履约监控、智能问答等智能法务的任务。在理想的情况下,可以训练类似 ChatGPT 的模型,使用一个模型处理多个领域的任务,并且与用户顺畅交互。大量的已标注数据,也会成为后续进行法律研究的基础,成为法律科技行业发展的基石。

4. 大模型驱动下的司法大数据深度加工

我国司法机关的智能化和数字化进程正经历系统性重构,其发展路径突破传统信息化工具属性,向认知增强、决策协同、服务范式转型等深层次演进,形成覆盖司法全链条的智能化生态体系。

第一,法律基座大模型的构建将重塑司法知识生产机制,通过法律规范、司法经验与社会事实的三维表征空间形成动态演化的认知架构。[1]这种架构不仅解构法律文本显性语义,更能通过法律逻辑的形式化建模捕捉裁判规则演变规律,为法律适用提供具有时序特征的参考系。[2]

第二,联邦学习通过构建虚拟共享模型,使各司法机关在本地数据不脱离监管的前提下完成联合建模,有效打破"数据孤岛"问题。[3]司法机关与行政机构、金融机构建立的分布式知识蒸馏机制,[4]在确保数据主权前提下实现抽象特征空间的联合建模,形成对社会关系网络与行为模式的系统性认知,使司法决策具备超越个案维度的社会情境理解能力。

---

[1] 参见《国家级法律 AI 基座大模型正式发布 推进科技赋能公正司法》,载光明网,https://legal.gmw.cn/2024-11/15/content_37679297.htm。
[2] 参见余茂玉、林志农、张承兵等:《法律基座大模型的建构路径与应用展望》,载《数字法治》2025年第1期。
[3] 张应语、孙军、董绍增:《生成式人工智能治理的范式跃迁与实践路径——从DeepSeek说起》,载《烟台大学学报(哲学社会科学版)》2025年第2期。
[4] 参见《从反洗钱到信贷风控,金融领域成联邦学习绝佳练武场》,载腾讯网,https://news.qq.com/rain/a/20221104A06P1900。

第三,生成式人工智能推动司法服务供给模式革命,基于动态法律知识图谱的交互式系统实现从法律咨询到诉讼策略生成的认知闭环。[1]例如,多语言大模型支持不同语言的法律文本的智能互译,结合差分隐私技术构建的跨境司法协作平台,提高涉外文书处理效率并降低信息泄露风险。

第四,持续学习机制驱动司法知识体系自主进化,在线学习与增量训练协同作用使认知系统动态适应法律规则变迁。知识蒸馏技术实现沿海与内陆法院裁判经验双向迁移,在维护法制统一性的同时兼容地域司法实践差异,形成具有时空适应性的法律适用标准。

第五,智能决策支持系统构建"数据—知识—决策"闭环,通过三维评价模型实时监测司法运行态势。例如,上级法院利用智能推演形成的裁判标准优化建议,可精准识别类案裁判偏差并生成动态调整方案,实现从碎片化个案纠错向全流程质量控制的模式转变。

第六,数字化监督体系重构权力运行机制,人大监督司法数字化系统通过数据归集与智能研判实现静默化监督。检察机关构建的数字法律监督平台,通过穿透式数据分析发现类案监督线索,提升监督效率及司法权运行透明化程度。

第七,智慧执行系统实现财产查控范式革新,通过融合金融、

---

〔1〕 参见龚善要:《生成式人工智能赋能公共法律服务的范式转型》,载《东方法学》2024年第5期。

税务、物流等多源数据构建被执行人行为预测模型。同时,区块链技术的深度应用使执行财产查控、拍卖等环节实现全流程存证,当事人可通过去中心化节点实时验证执行行为合法性。[1]

第八,司法数字化延伸社会治理职能,通过构建司法大数据与社会治理数据的关联分析模型,形成风险预警指数体系。[2]例如,司法机关与行政机关的数据协同机制,使行政处罚与司法裁判形成治理闭环,推动社会治理从末端处置向前端预防转型。

综上所述,司法机关的智能化转型正向"技术驱动—制度创新—治理升级"的良性循环方向发展。随着法律认知模型的持续优化,人机协同的司法体系将突破经验依赖型决策局限,在事实认定、法律适用、价值衡量等层面形成可验证的智能增强机制,为司法现代化开辟兼具理论创新与实践突破的发展路径。

四、法律行业智能化的展望

在法治均等化与可及化的发展过程中,智能化必将发挥重要的作用。ChatGPT 在多种任务中的优秀表现也使更多的法律人关注人工智能在法律领域的应用。在企业法务的工作领域,各种智能化工具的发展,特别是以 ChatGPT 为代表的深度学习算法的发

---

[1] 参见闵仕君:《人工智能技术与法院执行领域的融合、发展和完善——以无锡法院智慧执行系统为视角》,载《法律适用》2019 年第 23 期。
[2] 参见张佳杰、骁克:《司法大数据助推数字化社会治理研究》,载《数字法治》2024 年第 5 期。

展,可以推进智能法务系统的一体化,以功能丰富的法律人工智能内核为法务工作的各个环节提供支持。

(一)公共法律服务行业的智能化展望

公共法律服务行业主要涉及日常法律问题的解答,其智能化形态是类似 ChatGPT 的智能问答。虽然当前的 ChatGPT 在回答法律领域的专业问题时答复的内容会有所偏差,但是基于司法大数据训练得到的智能问答算法有希望取得更好的效果。

基于司法大数据,智能问答机器人可以通过深度学习算法,检索与用户提问的场景相似度最高的案例,得到相关的法律条文与司法观点并推送给用户,或者在经过公共法律服务工作者确认后反馈给用户,能够最大限度地提高公共法律服务的效率。结合法律文书的模板,法律人工智能也可以根据用户提供的信息生成法律文书,减少公共法律服务提供者的工作量,使公共法律服务可以更低的成本、更高的效率服务更多的人群,推进法治均等化与可及化。

(二)律师行业的智能化展望

律师工作中会涉及大量的案例、法律检索工作,这样的工作现在通常由律师在法律、案例数据库中进行大量检索来完成,部分智能的检索工具支持语义检索和正则表达式检索。律师可以使用更智能的语义检索工具,得到更匹配的案情,基于 OCR 技术和司法大数据,律师完成尽职调查报告的工作效率也会得到显著提升。

即使是新入行的实习律师或青年执业律师,在掌握了一定的法律检索和类案检索技巧之后,也能够全面迅速地掌握法律法规和法律知识,及时获得法官的司法裁判经验和前辈律师的办案经验,并将法律知识和经验应用于具体的实践过程中。新手律师可以将在法学院所学到的理论知识和具体的司法实践动态紧密结合,在不断校正知识缺漏、弥补经验空白、掌握最新司法动态的情况下,丰富自己的办案经验,更快更好地成长为一名专业律师。

(三)司法机关的智能化展望

司法机关的智能化是法律行业中相对比较成熟的领域,智能量刑、一键生成文书等功能已经相对成熟。深度学习算法、大语言模型应等人工智能技术用于法务领域可以提高信息提取的准确率,发现更广泛的知识以及司法大数据中存在的规律,在很大程度上提高司法机关的工作效率,同时促进审判结果更加公平。只有通过循序渐进的使用多种处理方法对司法大数据进行多维深度加工,司法大数据的价值才能得到充分的发挥,同时得到更准确的信息抽取模型,从根本上推进法律科技行业的发展,进而推进法治均等化与可及化发展。

当下以大数据、人工智能为代表的新一轮科技革命,不再是既往技术工具化的线性演进,技术本身开始展现出极强的智能性和自主性,这在相当程度上改变了司法领域中的人与机器的关系。在人机关系新形态下,机器不再只是单纯的工具,数据驱动下的智能机器开始具备自动化裁判能力。这一巨大转变对既有的司法结构和司法治理模式形成巨大冲击,并对既有司法制度产生重塑效应,逐渐形成人机协同的司法治理新模式,代表着司法的未来发展方向。

第二章

人工智能时代下公正量刑的均等化与可及化

随着《关于常见犯罪的量刑指导意见（试行）》（法发〔2021〕21号）（以下简称《量刑指导意见》）及其细则的深入适用，规范化量刑活动产生了海量的刑事审判文书；这些文书对具体个案宣告刑的论证，凝聚了司法人员的集体智慧和普遍共识。那么，如何高效提炼此种量刑司法经验，"反哺"量刑规范，这无疑是完善量刑规范的必经之路。海量裁判文书的深入分析，"纯手工"的工作量，让人望而生畏，不具有可行性。不过，现今人工智能技术，尤其是大数据挖掘技术的深入运用，让提炼量刑司法经验具有了可行性。但是用哪种人工智能技术、如何运用以及在哪些领域运用等，都还需深入研究。

第二章 人工智能时代下公正量刑的均等化与可及化

第一节 量刑规范化视角下的量刑公正

根据《量刑指导意见》,我国各高级人民法院等都制定了所在地对应的量刑实施细则,如《北京市高级人民法院〈关于常见犯罪的量刑指导意见〉实施细则》(以下简称《北京量刑细则》)。这些细则结合本地量刑实践,在细化《量刑指导意见》的同时,也对其进行了丰富和发展。但是,各地细则也可能存在各种不足,值得提升。因此,对细则进行对比性研究,对完善《量刑指导意见》中的量刑因素、裁量区间、常见罪名等方面意义重大,同时有助于提升各地量刑统一,优化刑罚裁量。

一、量刑规范化当前的价值所求

量刑本质上是罪到刑的数量转化;针对这种转化,就需要依规构建具体个罪刑罚裁量的各种数量模型,明确模型量刑参数的具体数值。但缘于量刑本身的复杂性,这种数量转化并不是"心算"层面的,其表现公式不能一眼能明。基于此,长期以来刑罚裁量的推算过程,都具有"黑箱式"的神秘。而量刑公正"取信于民"的必要要求之一,就是破除这种"黑箱式"的神秘,实现刑罚裁量推算的公开透明。

同时，随着我国深入推进认罪认罚制度，精准量刑已成为必然要求。基于尊重法官的自由裁量权和量刑的地域特点，《量刑指导意见》仍具有相当的"柔性"。通过人工智能技术提炼司法经验，对量刑参数予以"点"化，对保障了精准量刑的实现有重要意义。

二、量刑的基本方法

《量刑指导意见》在"二、量刑的基本方法"中，较为详细地规定了量刑的步骤、调节基准刑的方法、确定宣告刑的方法、罚金与缓刑的裁量等内容。在此，就"量刑的基本方法"作以下几点分析。

（一）刑罚裁量以法定刑为基础

《量刑指导意见》规定量刑第一步，即"根据基本犯罪构成事实在相应的法定刑幅度内确定量刑起点"。而这里的法定刑，是针对某一特定犯罪构成事实所对应的法定刑，而不是分则某一罪名或某一条所规定的全部刑罚种类及其幅度。以罪名确定法定刑的观点，会极大扩宽量刑幅度，为轻罪重判重罪轻判开启方便之门。正确确定法定刑是确保量刑不失衡的前提。

（二）刑罚裁量有"规定"路径

根据《量刑指导意见》的规定，刑罚裁量是先确定量刑起点，再确定基准刑,然后调节基准刑,最后得到宣告刑。这里确定基准刑以及先行调节基准刑的情节都属于犯罪事实,在规范上反映的是责任刑的大小(罪行的轻重)。换言之,其他量刑情节应该以责任刑为基础进行刑罚裁量,由此得到宣告刑。这一"规定"路径符合上述我国刑法罪责刑相适应原理,也是责任刑的体现,具有合理性。

(三)刑罚裁量最终靠"量"

《量刑指导意见》规定:"量刑时,应以定性分析为主,定量分析为辅,依次确定量刑起点、基准刑和宣告刑。"据此,应当区分确定基准刑情节、调节基准刑情节,后者是狭义的量刑情节。确定基准刑情节是指,除基本犯罪构成事实(定罪事实)之外的,"其他影响犯罪构成的犯罪数额、犯罪次数、犯罪后果等犯罪事实";如前所述,这一情节应该体现罪行轻重(责任刑)的情节。调节基准刑情节是指,除确定基准刑情节之外的其他影响刑罚裁量的情节。下面在分析这两种情节的基础上,进一步探讨刑罚裁量根据的来源。

首先,确定基准刑情节。依四个方面的犯罪构成理论,犯罪事实对应犯罪客体、客观方面、犯罪主体、主观方面;在定罪之外,可以作为确定基准刑情节的情节,集中在客观方面、犯罪主体、主观方面。客观方面如犯罪手段、犯罪次数、犯罪数额、犯罪后果、特定被害人(如幼女)等;犯罪主体如国家工作人员(非法拘禁罪)

等;犯罪主观方面如卑劣动机、蓄谋等。

其次,调节基准刑情节。《量刑指导意见》将调节基准刑情节分为两类:一类是包括未成年人犯罪、老年人犯罪、限制行为能力的精神病人犯罪,又聋又哑的人或者盲人犯罪、防卫过当、避险过当、犯罪预备、犯罪未遂、犯罪中止,从犯,胁从犯和教唆犯等在内的量刑情节;另一类是其他量刑情节,如自首、坦白、立功、赔偿、和解、认罪认罚等。应当说此类量刑情节在《量刑指导意见》"常见量刑情节的适用"部分作了较为详尽的规定。

(四)刑罚裁量过程要透明

科学的量刑方法必须具有刑罚裁量过程的透明性。《量刑指导意见》所确定的量刑方法,因其具有鲜明的定量特征,并对量刑起点、基准刑调节方法、量刑情节对刑罚的增加量等有较为具体的规定,使量刑过程更具透明性。要充分发挥《量刑指导意见》的功效,笔者认为核心要做到两点:

其一,所有影响刑罚裁量的决定都必须有依据,刑罚裁量绝不能成为"无源之水"。例如,《量刑指导意见》规定,"综合考虑全案情况,独任审判员或合议庭可以在20%的幅度内对调节结果进行调整,确定宣告刑。当调节后的结果仍不符合罪责刑相适应原则的,应提交审判委员会讨论,依法确定宣告刑"。一般认为,该规定是对法官自由裁量权的尊重。但尊重不等于放纵。在适用该规制之时,就必须回答:凭什么进行调节?根据什么量刑因素进行调节？决不能"暗箱操作"。

其二，所有刑罚裁量的"量"都必须有根据。这就必须回答，在具体个案中，量刑起点（无论是区间还是幅度）是如何决定的？各量刑因素是什么？每一量刑因素对刑罚调节的比例是多少？每一步裁量的计算方式是什么？这些都必须有根有据。例如，对某特定情形的自首，在《量刑指导意见》规定的 0~40% 的区间内确定为哪一具体数值（对基准刑的较少比例），这就要充分尊重该类案的司法经验。需要说明的是：今天借助大数据分析，已经实现了机器对此类司法经验的自动提取。又如，小包公法律 AI 的"智能量刑预测系统"在智慧司法创新成为全国法律行业同频共振的大动作的浪潮下，独创理论量刑预测与实证刑期分析"双系统"相互验证机制，只需在系统中上传起诉书便能自动识别罪名、量刑情节并由此得到两套结果：理论量刑系统依据量刑规范展示规范化表格和法律依据；实证量刑系统则基于司法大数据得出预测刑期，提供类案分布与刑期可视化分析最大限度实现精准量刑预测。系统量刑预测依据刑法、司法解释和最新量刑指导意见等相关法规，采取量刑规范化表格的方式，实时展示量刑的各种参数和测算过程，实现刑期预测的理据充分，论证透明可检验。在实际量刑系统中，困扰司法实践的罚金刑难题和认罪认罚量刑难题得到解决。一方面，系统智能推演司法大数据，科学预测个案罚金刑适用数额，实现"罚"得准。另一方面，系统将认罪认罚从宽量刑情节分四阶段进行精细化分类，充分考虑其与自首、坦白、当庭自愿认罪、退赃退赔、赔偿谅解、刑事和解、羁押期间表现好等情节的综合适用,为控、辩双方量刑协商提供可视化、可量化、可执行的依据及结果。[1]

量刑过程透明,就能实现刑罚裁量的可检验性,保障刑罚裁量的可预见性,因而其本身就是刑事正义的体现。在笔者看来,完全不可预测的量刑结果(不具有可检验性),只能解释为由某种不可检证的"神秘力量"所支配,不可以认为具有客观合理性。

三、量刑规范化的基本路径

在如今人工智能广泛深入应用,司法大数据海量聚集,各地量刑实施细则日趋完备的环境下,为努力实现合规、透明、精准的量刑,当前迫切需要完成以下任务。

(一)具体化量刑因素的数值

量刑因素包括量刑起点(A)、确定基准刑的因素(B)、量刑情节(C)、整体影响量刑的政策性事由(如黑恶势力犯罪)(D)等。针对特定时空下的具体个案,应将量刑起点刑罚量和量刑要素之增减刑罚量/比重确定化,由此实现精准量刑。其中,主要有两种方式。

---

[1] 参见《小包公科技强检建设"智能量刑预测系统"在上海市人民检察院落地应用》,载新浪微博 2023 年 6 月 19 日, https://weibo.com/ttarticle/p/show?id=2309404914350283686055。

1.逻辑演绎方式

该方式认为,既然《量刑指导意见》及其实施细则规定了一定区间,那么在常态下的个罪刑罚裁量之时,就取这一区间的中间值。若凭借司法经验感觉略轻,就取这一区间上半部之值(直至上限);若感觉略重,就取这一区间下半部之值(直至下限)。例如,根据《量刑指导意见》的规定,故意伤害致一人重伤的,在3~5年有期徒刑幅度内确定量刑起点。按照逻辑演绎方式的计算方法,需要先将幅度差(5-3=2年)折半后(1年),再加下限值(3年),最终确定基准刑为4年,即(5-3)÷2+3=4年。同时,《量刑指导意见》规定:"对于累犯,综合考虑前后罪的性质、刑罚执行完毕或赦免以后至再犯罪时间的长短以及前后罪罪行轻重等情况,应当增加基准刑的10%~40%,一般不少于3个月"。据此,累犯的从重比例同样采用中间值法,即对幅度差(30%)折半后(15%),叠加下限值(10%),最终从重比例为25%,即(40%-10%)÷2+10%=25%。按上述参数推算,故意伤害致人重伤的量刑公式为:基础刑4年 × (1+25%)=5年。

2.类案大数据分析方式

上述量刑计算方式至少有两点疑问:第一,量刑起点的中间值计算缺乏法定依据。根据《刑法》及相关量刑规则,故意伤害致一人重伤的量刑起点应直接根据案件具体情况在"3~5年"范围内确定,而非机械取中间值。示例中公式"(5-3)÷2+3=4年"本质是对法定幅度进行数学平均,但量刑起点需结合具体犯罪手段、伤害后果等综合判断,直接取中间值可能忽略个案差异,与司法裁量原则相悖。第二,累犯从重比例的具体数值缺少规范支持。在司法实践中,累犯的从重处罚需在法定幅度内(如基准刑的10%~40%)酌定比例,但示例中公式"(40%-10%)÷2+10%=25%"将比例固定为25%,缺乏明确法律依据。实际量刑需综合累犯前后罪性质、间隔时间等情节调整比例,简单折中计算可能不当限缩法官自由裁量权,导致量刑僵化。基于上述两个疑问,应该基于类案同判的原理,对类案采取大数据分析方法,实证求得量刑起点刑罚量和量刑要素之增减刑罚量/占比。具体操作如下(以笔者开发的小包公智能量刑预测系统为例):按《量刑指导意见》的规定,量刑"对于同一地区同一时期、案情相似的案件,所判处的刑罚应当基本均衡"。因此,应主要以本院或上级法院类案作为司法大数据的对象,通过大数据技术进行筛选,整理出具体个罪的"达标"案例数据,然后提取其量刑结果,对其进行分析,挖掘其中的量刑规律(总结其中的司法经验),由此确定这些参数的具体数值。即通过对类案刑罚结果的数据对比分析,从而归纳总结出各量刑因素确定的实际参数值。这一大数据分析的实证路径并不是大数据技术的简单运用,而是需要将量刑原理和专业知识融入案例筛选、情节甄别、数值分析等每一环节中,真正实现去伪存真,提炼所需。

上述两种方式需相互配合,才能更高效、准确地提炼良性因素的数值。

(二)充实量刑因素的数量

各种量刑因素是刑罚裁量的依据;只有量刑因素考虑完备,才能保障量刑公正的可靠性。《量刑指导意见》及其实施细则规定了确定基准刑的因素、常见量刑情节以及常见罪名的典型量刑因素。整体而言,这些量刑因素的规定较为完备,不过仍有较大充实的余地。一方面,各地量刑实施细则丰富了量刑因素,通过对比分析,可将共识性高的量刑因素充实到《量刑指导意见》中;另一方面,可以通过对司法文书这一大数据的整理识别,发现实践高度认可的影响量刑的因素,将其予以提炼,充实到个罪量刑因素中。

例如,通过对交通肇事刑事案件判决书的大数据分析,发现实践对"肇事后为逃避法律追究,指使他人顶替的""本案道路交通事故另致一人轻伤、多车受损的""未取得船员适任证书驾驶船舶发生重大交通事故的""被害人系未成年人的"等情形,均作为酌定从重处罚量刑情节,因此可将其充实到量刑因素中。

值得注意的是,《量刑指导意见》及其实施细则一经制定后,会在三五年内保持不变,即使后来修订,量刑因素也基本保持稳定。可以认为,这种稳定事实上具有一定的封闭性,有利于量刑统一时,也反映出其不能迅速回应社会变化下的量刑个别化所需。因此,可在《量刑指导意见》及其实施细则中,建立开放的动态式量刑因素机制。

(三)正确区分非同类量刑因素

根据《量刑指导意见》的规定,"根据其他影响犯罪构成的犯罪数额、犯罪次数、犯罪后果等犯罪事实,在量刑起点的基础上增加刑罚量确定基准刑","根据量刑情节调节基准刑,并综合考虑全案情况,依法确定宣告刑"。因此,确定基准刑的量刑因素是指除确定量刑起点的因素(定罪情节)外,其他影响犯罪构成的犯罪事实;对已确定的基准刑进行调节的是量刑情节,量刑情节是除定罪情节和确定基准刑的量刑因素之外的其他影响刑罚裁量的因素。

《量刑指导意见》规定的量刑方法,对确定基准刑的量刑因素采取的是"连乘"的计算模型,而对量刑情节则是"采用同向相加、逆向相减的方法"。因此,两者对宣告刑的作用力相异甚远。可见,若混淆确定基准刑的量刑因素和一般量刑情节,会导致量刑混乱而失去公正;不过,令人遗憾的是,《量刑指导意见》未有相关条款清晰界分两者。另外,各地量刑细则对此似乎也未给予足够重视。如何区分、甄别确定基准刑的量刑因素和调节基准刑的量刑情节,还需进一步厘清。

(四)详尽化个罪量刑因素

为保障量刑有据不失衡,对个案无疑须多个源头寻找量刑情节,努力做到不遗漏也不虚增情节。对个罪,一旦能在理论上"穷尽"刑罚裁量根据,形成情节表,那么针对实践具体个案,就能以遍历表勾选菜单的形式遴选情节,然后按照《量刑指导意见》等加以适用。这一操作安全又高效。例如,初步研究可以认为[1],盗窃罪可能的刑罚裁量因素有:1. 犯罪数额;2. 盗窃文物数;3. 盗窃违禁品数;4. 累犯;5. 前科;6. 教唆犯;7. 多次盗窃;8. 携带凶器盗窃;9. 入户盗窃;10. 扒窃;11. 一年内曾因盗窃受过行政处罚;12. 曾因盗窃受过刑事处罚;13. 在医院盗窃病人或者其亲友财物;14. 因盗窃造成严重后果;15. 组织、控制未成年人盗窃的;16. 盗窃救灾、抢险、防汛、优抚、扶贫、移民、救济款物;17. 采用破坏性手段盗窃公私财物,造成其他财物损毁;18. 盗窃残疾人、孤寡老人、丧失劳动能力人的财物;19. 自然灾害等突发事件期间在发生地盗窃;20. 案发前主动将赃物放回原处或归还被害人;21. 盗窃近亲属财物,获得被害人谅解;22. 确因生活所迫、学习、治病急需而盗窃;23. 认罪认罚;24. 当庭自愿认罪;25. 坦白;26. 自首;27. 一般立功;28. 重大立功;29. 积极配合追赃,未给被害人造成经济损失或者损失较小;30. 退赃退赔;31. 积极赔偿+谅解;32. 未赔偿+谅解;33. 积极赔偿+未谅解;34. 达成刑事和解协议;35. 预备犯;36. 未遂犯;37. 中止犯;38. 共同犯罪(罪责相对较轻的主犯);39. 从犯;40. 胁从犯;41. 聋哑人或盲人;42. 年

---

[1] 以下参见《江苏省高级人民法院〈关于常见犯罪的量刑指导意见〉实施细则》。

龄≥75周岁；43.16周岁≤年龄＜18周岁；44.精神病人；45.被害人失去知觉或者没有发觉时临时起意拿走财物；46.盗窃军事通信线路、设备；47.将电信卡非法充值后使用；48.利用计算机网络盗窃；49.使用投毒、爆炸方法；50.通过虚假链接盗窃；51.为掩盖盗窃而故意毁坏财物；52.因扒窃被劳动教养；53.因扒窃被治安处罚；54.其他量刑情节。

因此，应详尽化量刑因素，尽可能"穷尽"之，然后遵循"总则分则"原理，将其一一予以明确。当具体个罪量刑之时，就能以菜单式呈现其可能的量刑因素，并辅之以各因素最佳的刑罚增减数（或从重从宽的比例数），形成体系化可供直接量刑操作的方案。量刑因素相当于"菜名"，而每个量刑情节的幅度相当于"单价"。"菜名"和"单价"结合构成完整的"菜单"（菜名+单价=菜单）。在这种量刑因素及其幅度可视化的系统构架下，可最大限度消解量刑不可知论。

(五) 初设量刑因素综合适用的上限和下限

根据消极的责任主义，预防刑不得超出报应刑的上限。但是《量刑指导意见》和司法实践都没有采纳这种意见。不过，为防止刑罚过于工具化（过分侧重预防功能），避免重刑主义，与犯罪事实无关的，基于预防性考虑的量刑情节，不能过分加重行为人的刑罚量。即量刑情节综合适用的从重处罚幅度应该初步设置其上限。就此，《量刑指导意见》和各地量刑细则尚无对应规定。这个增加量的上限一般情形下宜控制在20%；极端情形下多从重预防性量刑情节时，宜控制在30%；如累犯，谨慎增加基准刑的30%以上。

同时，消极的责任主义认为责任刑仅有限制刑罚裁量的上限功能，而对刑罚裁量的下限不设防。不过，根据预防无限从宽，极有可能出现过于宽大的现象。因此，应对预防刑的从宽幅度设定边界。例如，《量刑指导意见》在"三、常见量刑情节的适用"之（十四）中规定，"具有自首、重大立功、退赃退赔、赔偿谅解、刑事和解情节的，可以减少基准刑的60%以下，犯罪较轻的，可以减少基准刑的60%以上或者依法免除处罚"。这种设置下限的原理应该推广至多种从宽量刑情节叠加适用的情形，如"自首＋立功""累犯＋恶意逃避赔偿（酌定从重量刑情节）"。

（六）明晰数罪并罚的裁量规则

《量刑指导意见》未规定数罪并罚的裁量规则，不少省份量刑实施细则对其进行了规定。整体来看，细则构建的数罪并罚规则，采取的是的将总和刑期分段分类，再对每类规定一定的"扣减"幅度。例如，根据《北京量刑细则》（2017年）在"确定宣告刑的方法"的部分的规定，总和刑期除25年以上的情形，其他以5年作为分段标准，分别为：5年以下、5～10年、10～15年、15～20年、20～25年，其对应的可扣减幅度分别为：1、2、3、4、5年。广西（2017年）、河北（2018年）、河南（2017年）等有相同规定；黑龙江（2017年）、海南（2021年）等有类似规定（仅分段部分不一致）。另外，福建省量刑实施细则（2021年）也采取了分段扣减，不过段数略少，且按总和刑期的百分比扣减（没有采取固定可扣减的刑期区间）；与此类似的还有新疆（2014年）。但是，对于案情重大（如贪污受贿大案）的并罚，其"扣减"幅度往往大于此类规定。因此，如何构建数罪并罚的裁量规则还有待进一步研究。这种研究仍可借鉴人工智能，对并罚之司法大数据的深入挖掘，提炼司法智慧，形成地域性的"酌情决定"的数量模型。

（七）确立罚金刑数额的裁量规则

《量刑指导意见》在"确定宣告刑的方法"部分新增了罚金刑裁量，规定"判处罚金刑，应当以犯罪情节为根据，并综合考虑被告人缴纳罚金的能力，依法决定罚金数额"。其中，缴纳罚金的能力只能就个案中的具体人单独考察，难以用统一性的具体规则进行一致性的判断。另外，裁判文书几乎不会记录判断有关被告人缴纳罚金能力根据的信息。因此，无法从司法大数据中提炼司法共识，无法形成具有普遍性的决定罚金数额多少的裁量规则。与之相较，犯罪情节本身有具体的体现形式和相对清晰的标准，其本身基本体现为确定量刑起点的事实和确定基准刑的量刑事实之和，在量上直接体现为最终的基准刑的大小。因此，以基准刑作为确定罚金刑的数额具有合理性，也是其相对清晰可见的裁量标准。

与犯罪情节无关的一般量刑情节,如自首、坦白、立功、认罪认罚等,有可能影响罚金刑的数额。如四川省《〈关于常见犯罪的量刑指导意见(试行)〉实施细则(试行)》,在"判处罚金刑"部分第3.5.4条规定:具有下列情形之一,适用单处罚金不致再危害社会的,可以依法单处罚金:(1)偶犯或者初犯;(2)自首或者有立功表现的;(3)犯罪时不满十八周岁的;(4)犯罪预备、中止或者未遂的;(5)被胁迫参加犯罪的;(6)全部退赃并有悔罪表现的;(7)其他可以依法单处罚金的情形。不难发现,该细则规定的罚金刑裁量根据包括与"犯罪情节"无关的一般量刑情节;细则还明确了共同犯罪、单位犯罪、数罪并罚等情形下罚金刑的适用原则。随着地方细则罚金刑适用规则的丰富,对其进行比较研究,无疑是完善罚金刑裁量规则的路径。

(八)构建量刑实操的动态调整模式

如前所述,《量刑指导意见》及其实施细则一经制定后,会在三五年内保持不变,会形成量刑的封闭性,使依其在某些领域或罪名的量刑可能导致罚不当其罪,法律效果和社会效果难以和谐统一。另外,各量刑要素在个案中的作用大小既具有地域性,又具有时代性,如何保障其作用力的随机应变性,也是一个重要问题。因此,构建动态的量刑实操模式,意义明显。

在动态模式之下,应借助人工智能技术,不断挖掘司法大数据,提炼司法经验,形成新的量刑规则,更新量刑因素及其作用力，由此保障量刑对实践治理犯罪的需求。当然，这一模式不能脱离专业的理论推演。

四、结语

《美国量刑指南》因其对刑罚阶梯、量刑要素及其作用力以及个罪量刑模式的系统化设计，取得了普遍赞誉。在对其进行借鉴的基础上，我国《量刑指导意见》若能进一步细化具体刑罚裁量幅度，优化量刑数量模型，详尽化量刑因素，精准化量刑参数，完全可以形成超越《美国量刑指南》的本土化高阶量刑指导意见。另外，实现量刑公正是项复杂"昂贵"的系统工程，精细化的刑罚裁量涉及计算模型、参数以及动态自我调整，这些因素使量刑过程对法律人的专业能力提出了更高的要求，需要采取人工智能技术，研发量刑智能系统，走科技保障量刑公正之路——这应该成为时代的共识。

第二节　大数据精准量刑的关键是精准描述司法理性

人工智能、大数据等技术的发展为精准化量刑提供了技术支持，法官不仅可以运用人工智能手段检索相关类案，更能够通过检索到的类案发现"类案不类判"等有违司法理性的现象。如何根植于相关的量刑指导性意见，借用大数据分析等人工智能技术探索精准量刑之路，并以精准量刑反衬司法理性，已成为当前智慧司法的重要课题。本节将借用大数据分析等人工智能技术，首先阐述精准量刑应有赖于司法理性的实现，指明精准描述司法理性的难点，由此导出精准描述司法理性的步骤，最终阐明精准描述司法理性实现的具体路径。

一、精准量刑须依赖司法理性的实现

司法理性在量刑实践中的表现之一即罪刑相适应，但要在量刑实践中做到罪刑相适应，保障司法理性，进而做到精准化的量刑，还须明确司法理性的价值以及司法理性与精准量刑的关系。

（一）司法理性的价值

司法过程通过裁判文书最终展示理性，其本身就是一种理性的选择，这种经过实践性检验的理性又反过来对实践产生影响。通过裁判文书展示的司法理性，往往具有如下功能：

一是司法理性可以作为指导司法适用的政策、原则、立场。司法理性是在司法过程中最集中体现的理性，它们经过反复的论证，具有强大的说服力。因而在司法实践和司法研究范围中可以独立地出现司法理性的内容。司法理性通过明确的法律原则或者司法共识所形成政策、原则及相关立场又对未来的司法适用提供思路和经验。特别是对于一些疑难、复杂、新类型案件的司法裁判，通过司法理性的检验，使裁判结果符合社会公平正义，不至于偏离法治的轨道。

二是司法理性能够在法律和众多因素影响下，作为裁判结果的衡量标准。当前，认罪认罚从宽制度正在全面实施，其核心意涵是：若犯罪嫌疑人、被告人对指控的基本犯罪事实没有异议且自愿认罪认罚，由此承受认罪认罚之后所带来的刑罚后果，则能依法从宽处罚。认罪认罚案件中"从宽"的标准虽然在司法解释中有所规定，但其中的从宽幅度的规定或者是"从宽幅度可以大一些"，或是"从宽幅度应当从严把握"，这种模糊性的规定并不能很好地对实践中具体案件进行明确的指导，仍有赖于法官的自由裁量权发挥，即此时需要法官理性，而对法官理性产生重要影响的是司法理性。对于认罪认罚等案件，司法理性影响着裁判结果，审验着裁判结果是否在法治的范围内。

(二)司法理性的实现有助于精准量刑

目前的裁判理性方向是量刑精准化，其是量刑领域司法理性的集中表现。就量刑领域而言，在司法理性的功能指引下，该领域的司法理性的类别可以按照司法主体分为三个层面：全国司法主体、地区司法主体、具体个案司法主体。前两者应该表现为一种集体的共识性的司法理性，第三者为特定个体的司法理性。基于司法常识，个体司法理性应尊重司法集体理性，因为这种集体理性是司法经验的总结和提炼，是对罪、责轻重判断的共识，起到保持刑罚裁量延续性和一致性的作用。如无特殊情形或正当理由，个体裁量刑罚时不宜突破这种司法理性。

《量刑指导意见》作为全国性的量刑规范，是司法集体理性的直接表现。然而，案件"个性"千差万别，表现方式各有不一。《量刑指导意见》以及各地省域量刑规范对其难以做到事先穷尽式描述。例如，凶器的种类、使用方式等，随着时代的发展而日渐多样化。对此，借助智能量刑系统精准描述司法理性，对于实现精准量刑具有重要意义。同时，司法理性需要依赖司法个体基于正义的理念以及民众的广泛参与，对案件"个性"所体现的行为的社会危害性或行为人的人身危险性等进行理性评价，进而作出决定。智能量刑系统只能加以辅助指引而不能越俎代庖。

二、精准描述司法理性的步骤

从司法理性的价值和功能来看，就量刑领域而言，司法理性的实现对于当前认罪认罚从宽制度全面实施所要求的精准量刑大有裨益，也是以审判为中心的刑事诉讼制度改革下的要求。当前，精准描述司法理性具备理性前提，并可按步骤推进。

（一）精准描述司法理性的前提

司法形成理性的重要"工具"之一的案例公开已经初步成熟并开始发挥效用。裁判文书公开上网是将司法普及于民的重要途径，司法运行的现状以及由此产生的司法理性得到充分展示，尤其是法官在司法过程中的理性、经验与普通民众参与司法的理性形成的良性互动，既是法律适用过程中的权威与尊严的体现，也是司法理性在法治运行程序中得到检验的关键内容。

同时，提升司法理性的公正性有赖于智慧司法的推动。智慧司法过程是一种透明司法的过程，在此过程中形成对司法的普遍的监督性，同时，裁判文书公开后的可查阅性，实际上是将司法理性广泛普及，让其在普及过程中限缩司法臆断主义、偏颇主义司法的空间，规范法官的自由裁量权，使法官理性在社会生活实践的检验中日臻理性，使司法理性更容易获得民众的理解和支持，大大提升司法公正性与公信力。

(二)精准描述司法理性的次序

在裁判文书上网公开以及人工智能等技术运用于司法的前提下，精准描述司法理性具有可行性。就目前而言，精准描述司法理性主要有以下几个步骤。

第一步：将有关量刑规范化文件(主要是《量刑指导意见》的相关规定)中体现司法理性的内容通过人工智能语言正确精准描述。例如，在小包公智能量刑预测系统中，预测广东省广州市的盗窃罪，其定罪基准是"盗窃数额5000元""入户盗窃"，实时刑期预览的法律依据即刻呈现为广东省高级人民法院、广东省人民检察院《关于确定盗窃刑事案件数额标准的通知》、《广东省高级人民法院〈关于常见犯罪的量刑指导意见〉实施细则》(2017年)。这种信息化的描述在小包公智能量刑系统中已经实现了精准化（见图2-1）。

图2-1 量刑规范信息化描述示例

但由于《量刑指导意见》及相应的实施细则对量刑起点和量刑情节等进行了相关的幅度性规定，其弹性本来就较大，并不能直接计算出个案具体确定的刑罚量。

第二步：针对具体个案，完成对其类案的本院或上级法院在量刑领域的司法理性的描述。在对量刑规范化的规定进行信息化描述之后，就应该解决具体个案中不能直接导出具体刑罚量的问题，精准描述具体个案中有关类案的刑罚裁量所表现的司法理性，精准回答诸如：有关类案量刑起点刑的确定值、特定量刑情节刑罚加减的具体百分比值等问题。只有精准描述具体个案中相关类案的司法理性，同一时期、同一地区以及同一法院对具有类似情节的类似犯罪之犯罪人的量刑结果才能做到基本一致,即做到"同案同判""类案类判",相当程度上可以有效避免"暗箱操作"之嫌,充分体现"正义根植于信赖"的司法公信。

第三步:对具体个案中司法主体的司法理性进行辅助引导,使个案刑罚裁量更具精准性。相对集体司法理性而言,具体个案司法主体的司法理性具有补充性,即使其对刑罚裁量略有不一,整体上刑罚裁量也应视为精准量刑。可以对不能直接进行司法理性精准描述的情形进行辅助引导,以加强其规范性,仍以小包公智能量刑系统为例,在该系统中的具体个案是否有缓刑,该系统可以列举缓刑的典型情形(含指导案例),供具体个案裁判者参考。从实例操作可以看到,该系统专门根据《量刑指导意见》的规定设置了20%的自由裁量空间(见图2-2),供具体个案裁判者根据案件具体情形调节。因此,对具体个案司法主体司法理性的辅助引导是精准描述司法理性的第三步,其有助于具体个案精准化量刑。

在精准描述司法理性的步骤之后,如何合理有效地展示司法理性的过程并使民众知晓,亦为精准描述司法理性的重点内容。精准描述司法理性在法官理性与民众生活理性的互动中充分实现逻辑互补。智能量刑预测在对以往所有类似司法判决进行学习之后,便集合了所有法官的集体智能,从而有效防止因个别法官的知识局限而作出的偏离较大的判决。量刑预测与追求法律的公平正义是一致的。

第二章　人工智能时代下公正量刑的均等化与可及化

图 2-2　类案参考与自由裁量权调节

三、精准描述司法理性的实现

个罪中的司法理性，都体现在其量刑模型的各种量刑参数中，尤其体现在量刑起点、特定量刑因素的作用力大小方面。如前文所述，宣告刑的精准与否就依赖于这些参数以具体确定的数值精准地描述对应的司法理性。但在目前有关的量刑规范上，这些参数要么体现为"幅度"，要么并无规范加以明确。因此，应在遵守量刑规范的基础上，主要以本院或上级法院类案作为司法大数据的对象，通过大数据技术进行筛选，整理出具体个罪的"达标"案例数据，然后智能提取量刑结果，对其进行分析，挖掘其中的量刑规律（实际上是总结其中的司法理性），由此确定这些参数的具体数值。即通过对类案刑罚结果的数据对比分析，以此归纳总结出各个量刑因素确定的实际参数值，司法理性的精准描述由此得以精准实现。

（一）实证确定量刑起点

所谓量刑起点，指的是个罪既遂状态下所应该判处的刑罚量，进一步而言，基本犯罪构成事实是确定相应量刑幅度的基础，量刑起点即是根据基本的犯罪构成事实所确定的相应刑罚量。应通过对本院或上级法院类案的大数据深度挖掘分析，以确定其体现司法理性的具体数值。

例如，根据安徽省高级人民法院《关于常见犯罪的量刑指导意见实施细则》（2017年）（以下简称《安徽量刑细则》）关于盗窃罪量刑的规定，盗窃公私财物，达到"数额较大"起点的，可以在3个月拘役到6个月有期徒刑幅度内确定量刑起点；犯罪数额每增加1500元，增加1个月刑期。那么，如何挖掘"数额较大"量刑起点的司法理性呢？在当前安徽盗窃公私财物2000~50000元属"数额较大"的情形下，对安庆市2017年8月至2020年8月盗窃5000元左右的个案进行分析整理，以单一被告与单一数额为条件进行筛选，得出如图2-3所示的刑期分布。

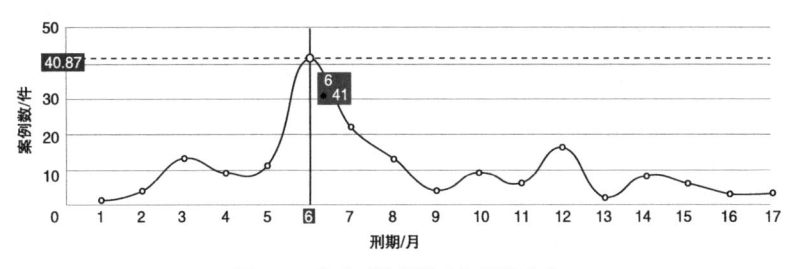

图2-3 盗窃"数额较大"刑期分布

从图2-3可见，峰值为刑期6个月（案例数比值最高）。那么，根据《安徽量刑细则》和大数据案例筛选结果，可以推断安徽省安庆市盗窃罪之"数额较大"的量刑起点为拘役4个月，其计算公式为：6-（5000-2000）÷1500=4。因此，完全可以认为4个月刑期就是安庆市对盗窃罪"数额较大"的典型司法理性。这一司法理性理应受到后续个案司法者的尊重，自然也应作为智能量刑系统的参数，保障量刑预测的精准性。

（二）实证确定量刑因素作用力的大小

为明确某一量刑因素（确定基准刑的量刑情节与调整基准刑的量刑情节）调节刑罚作用力的大小，确保案例文书中存在该量刑因素是首要考量的节点，无关因素应当排除。接下来，需要对该情节影响下的不同构成要件事实所形成的刑罚量进行数据对比，进一步过滤掉无关因素，并参考《量刑指导意见》的规定，由此确定具体的调节比例数值。

例如，经大数据分析筛选安徽省安庆市近 3 年仅因扒窃入罪（不考虑犯罪数额）的盗窃罪案例，针对单一被告，得出如图 2-4 所示的刑期分布图：其刑期峰值为刑期 6 个月。如上述"数额较大"确定的量刑起点，同理也可以认为 6 个月刑期就是安庆市盗窃罪"扒窃"的典型司法理性。[1]再检索盗窃数额 5000 元左右且同样仅具有扒窃情节的安徽省域[2]案例，其宣告刑集中分布于 6～10 个月（见图 2-5），那么，可以认为其中间值 8 个月是此类案件的司法理性。如果按照上述安庆市"数额较大"的具体案例情形将安庆市盗窃"数额较大"（2000 元）型案件的量刑起点设置为 4 个月，那么可以认为"扒窃"在盗窃 5000 元案件刑罚量（6 个月）的基础上增加了 2 个月的刑期。因此，针对《安徽量刑细则》规定的"入户盗窃、携带凶器盗窃、扒窃、二年内三次盗窃的，每增加一次作案或者一种情形，分别增加二个月至三个月刑

---

[1] 图 2-4 中，刑期分布相对比较分散，且整体趋势重于 6 个月。若考虑到扒窃型盗窃犯罪中，行为人或多或少会盗窃得手少量财物（只是没有达到"数额较大"的标准），而这些财物往往会成为从重处罚的事由，因此，取值 6 个月，在某种程度上正好抵消这种从重，不失为一种优化选择。

[2] 安庆市盗窃数额 5000 元左右且同时仅具有扒窃情节的案例极少，不具有样本的可信性；故案例来源选择为安徽省域。

期"的规定,此处司法理性精准描述的表现形式即增加 2 个月的刑期。

当然,或许上述大数据分析存在不足之处,但只要不断完善对案例文本的精细分析和优化算法,在这一路径上持续推进,以这种数量分析方式应该可以做到精准描述司法理性,从而实现智能精准量刑;当然,也并不会陷入大数据量刑机械化、形式化的陷阱。

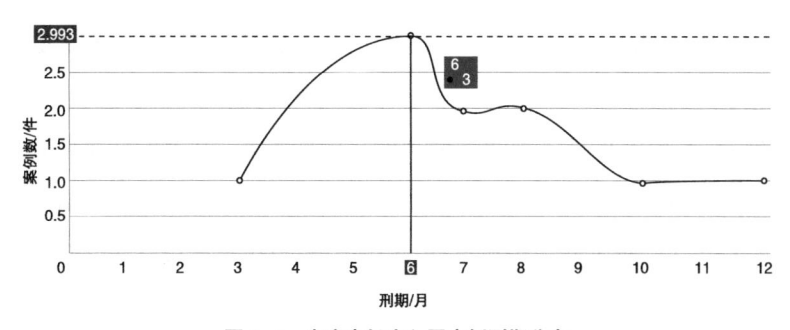

图 2-4 安庆市扒窃入罪案例刑期分布

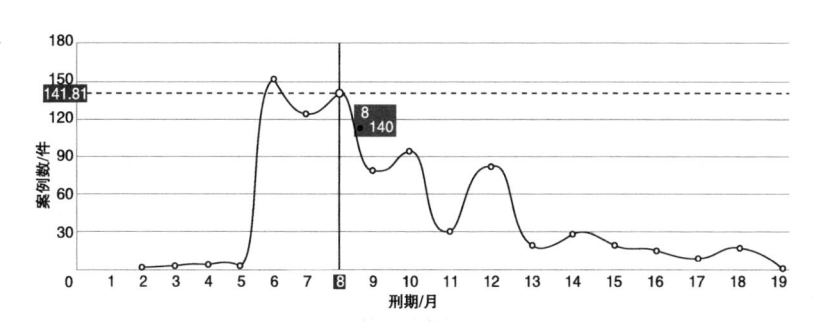

图 2-5 安徽省扒窃型盗窃刑期分布

（三）实证辅助宣告刑的确定

在着重解决确定量刑起点和量刑因素的具体数值这些难点之后，按照前文所述的量刑规则（步骤），结合具体案件的具体情况，便可以计算出其具体的宣告刑。确定量刑起点和量刑因素的具体数值的过程，本身就包含全国和地区司法主体的司法理性，应将类案直接推送给裁量者本人，供其进行决策，即采取类案推送的方式辅助个案司法者形成可靠的司法理性。

为实现这一类案辅助量刑目标，应运用自然语言处理和大数据分析技术，对海量司法文书进行识别和筛选，按照一定的匹配算法，查找出与具体个案案情高度一致的类案，并对案情关键词进行高亮展示，按照一定的优先等级进行展示，让个案司法者对类案信息一目了然。由此可知，个案中的司法者可以从类案信息中充分了解不同时期、不同地区的经济社会发展和治安形势之变化；同时，充分掌握同一地区同一时期案情相近或相似的案件的量刑情况，以避免今后的审判中出现类案不类判的情况。例如，就安徽省安庆市而言，若以"盗窃数额8000元""前科""坦白"三个条件检索类案，可具体得到如下类案推送信息（见图2-6）。该类案推送系统中直接展示与待决案件信息相关的内容，其实质是类案中的司法理性的推送。也就是说，这种类案推送方式将与待决案件直接相关的司法理性综合之后，推送相关度最高的司法理性，从而为裁决者综合多种情况下的司法理性提供参考，最终确定待决案件的刑罚量。

第二章　人工智能时代下公正量刑的均等化与可及化

图 2-6　类案推送情况

（四）实证反馈司法理性

有赖于实证辅助确定量刑起点、实证确定量刑因素作用力的大小、实证辅助宣告刑的确定等通过技术辅助实证的角度，实现量刑过程的司法理性，但是量刑的司法理性更为重要的是让民众知晓，亦即通过宣传量刑的司法理性以使民众明确法律的适用过程。公民参与司法所体现的价值是培养法治信仰、生成司法理性。其中，公民参与最重要的方式之一是通过分析案例参与到司法理性的表达之中。但公众通过案例深度参与司法过程的目标与技术之间存在"数字鸿沟"。为消弭这一"鸿沟"，在智能辅助量刑系统之外，还应从以下几个方面构建实证分析系统。

第一，实证分析中通用维度的设置。通用维度包括但不限于如下方面：案例的年份分布、月份分布、地域分布、罪名分布（案由分布）、程序分类、裁判结果、法院及法院层级；当事人信息，如

097

被告人的性别、学历、年龄等；被告人从重处罚信息，如前科、累犯等；被告人从轻处罚信息，如自首、坦白、当庭自愿认罪、立功、退赃退赔、刑事和解、积极赔偿和谅解、初犯、偶犯、认罪认罚、从犯等；检察机关的建议；律师的辩护意见；法院采纳情况等；刑罚裁量情况，如有期徒刑、罚金、缓刑等（包括单人单罪名与多人多罪名的情况）。上述通用维度的设置，主要是为了将裁判文书中的通用数据清洗出来，以便民众了解某一种类型的案件裁判情况。

第二，具体维度的设置与清洗。这一步主要通过数据清洗实现，仍以安徽省安庆市盗窃罪的数据清洗为例，若要了解被告人盗窃"数额较大"的情况，直接输入"数额较大"，可以直接高亮显示"数额较大"的案件数量；此外，被告人盗窃对象、盗窃次数等均可通过这种方式提取出来（见图2-7）。特别值得一提的是，体现罪责刑相适应司法理性的量刑情况同样可以按照相同的方式直接提取出来，并以回归模型计算其中影响量刑的因素，直观地显示显著影响因素。在量刑的因素中，除了相关罪名的构成要件要素，如盗窃罪的"多次""盗窃文物""盗窃救灾、抢险、防汛等物资"等因素，还有被告人的性别、学历等因素，上述因素是否影响量刑及其程度大小，都可以通过图表等可视化方式显示。民众在审视这些因素时，特别是对非构成要件要素对量刑的影响是否偏离司法理性具有直观感受，并可通过生活理性反馈于司法理性之中，弥补量刑时法官理性存在的缺陷，最大限度地满足民众参与形成的司法制度中的理性要求。

第二章 人工智能时代下公正量刑的均等化与可及化

图 2-7 数据清洗示例

实证分析系统通过设置通用维度与具体数据清洗的方式满足民众参与司法的要求，这并不是传统的回应型司法的模式，而是一种主动互动型司法的技术表达。因此，实证分析的功能在于将法律规范以实证分析的形式使民众知晓，民众在知晓法律的前提下，将生活理性充分融入司法理性的描述中。同时，实证分析系统作为司法和民意之间连接的"桥梁"，是自媒体时代公众参与司法过程理性表达的方式之一。也就是说，实证分析系统既能够反馈其中精准量刑是否精准化、精准量刑是否符合法律规范的规定等，又能使民众将生活理性通过实证分析系统进入司法理性，使"法官对案件可能涉及的常识、常情和常理有足够见识"[1]，实现

----
[1] 江国华、周海源：《司法理性的职业性与社会性——以裁判效果为视角》，载《学习与探索》2015 年第 2 期。

精准描述司法理性的目标。

四、结语

当前我国的审判方式改革,以实现法律的理性规约力和程序规范化为目标,在改变法官审判方法的同时,也持续塑造中国司法的现代司法理性,包括裁判的唯一依据是法律(价值理性),注重司法的专门技术,如法律解释与论证、逻辑推理方法等(司法技艺理性)。[1]审判改革是现代司法理性的重要前提,且现代司法理性在审判改革的过程中逐步借助大数据技术,又更进一步促进了司法理性的提升。借用大数据分析等人工智能技术,在遵守量刑规范的前提下,深度挖掘本院或上级法院在量刑领域的司法理性,对司法理性采取数值的方式进行精准描述,使量刑有理有据、透明可验证,真正实现"对于同一地区同一时期,相类似的案件,刑罚裁量应当基本均衡"这一量刑规范化改革的要求,做到了量刑可计算化的高精准性。

社会发展变化会推动立法的发展,由此推动司法适用的变革,在刑法上,最终体现为刑罚量的变化。因此,特定地区对案件刑罚适用的调整情况应同步到智能量刑系统中,以便智能预测该地区未决案件的宣告刑数据,该地区未决案件宣告刑数据库也可

---

[1] 参见吴英姿:《"调解优先":改革范式与法律解读——以O市法院改革为样》,载《中外法学》2013年第3期。

依此智能化建立。基于此,用数据对量刑参数和模型进行不断的优化,从而保障对司法理性的描述紧扣刑罚轻重的变化,充分体现精准智能量刑的时代性。同时,"让人民群众在每一个司法案件中都感受到公平正义"这既是司法改革追求的目标,是司法理性行进的正确方向,也是改革者对司法目的合规律性的认识。[1]这就需要民众在充分知晓司法理性的同时予以反馈,在司法互动中实现司法理性的精准描述。为此,应在大数据技术支持下挖掘、清洗裁判文书中的司法理性,形成可视化图表,传导司法理性。在司法层与社会层一体化发展司法理性的过程中,实现智能精准量刑目标。

第三节　大数据精准量刑的实现方法与路径

一、问题的提出

党的十九大报告指出,中国特色社会主义进入新时代,我国社会主要矛盾已经转化为人民日益增长的美好生活需要和不平衡不充分的发展之间的矛盾。这一矛盾也反映在人民群众期待量刑公正的日益精细化、精准化、透明化的要求中,以及与当前裁判说

---

[1] 参见吴英姿:《论司法的理性化——以司法目的合规律性为核心》,载《政法论丛》2017年第3期。

理性不足、类案不同判的量刑实践反差上。因此,在量刑规范化改革成果的基础上,如何借助大数据人工智能技术,融入实证要素构建精准量刑的实现路径,确保量刑充分体现罪责刑相适应原则,已是当前实践与理论的重要课题。

二、精准量刑的理念前提

量刑规范化改革的不断推进,使量刑不断公正化。在实体上,"估堆式"的量刑方式逐渐被摒弃,量刑方法与量刑步骤逐步得以明确,即确立了"定性分析和定量分析相结合"。在程序上,将量刑程序与定罪程序相区分,并纳入法庭审理程序,建立和完善相对独立的量刑程序,量刑与定罪被同等重视。而认罪认罚从宽制度关于量刑建议精准化等方面的要求,推动了量刑规范化向量刑精准化迈进,进而将罪刑相适应原则真正落实,以体现责任刑与预防刑的要义。而人工智能技术、大数据技术等科技手段为精准量刑提供了技术支撑。因此,精准量刑具备理论前提,具有可行性。

(一)程序保障:实施认罪认罚从宽制度的必然要求

量刑建议精准化的要求是量刑规范化改革的重要内容之一,这意味着量刑规范化通过认罪认罚从宽制度已经开始向量刑精准化迈进,即认罪认罚从宽制度的全面实施需要量刑精准化的支持。

首先，量刑建议的精准化能够保障认罪认罚从宽制度的有效实施，进而促进量刑精准化。量刑建议精准化与认罪认罚从宽制度之间存在紧密的联系。量刑建议精准化是认罪认罚从宽制度实施的必然要求，认罪认罚从宽制度的落实乃至完善是以审判为中心诉讼制度改革的重要步骤。可以说，量刑建议精准化是量刑规范化的部分内容，而量刑建议的精准化推动着量刑精准化的进程。

其次，认罪认罚后的从宽效果——量刑从宽的精准与否，能够减少犯罪嫌疑人、被告人的上诉率，而上诉率的减少需要靠量刑精准性进行保障。犯罪嫌疑人、被告人认罪认罚是其"自愿性"体现，而这种"自愿性"从侧面反映了量刑之适正性与量刑的精准性。绝大多数犯罪都能适用认罪认罚从宽制度，这种自愿性、明知性及事实基础的界定标准的前提是量刑建议的精准性。量刑建议得到贯彻的终点是被追诉人未上诉或检察机关抗诉，从而真正实现了量刑的精准性。

最后，精准量刑意味着要全面考虑刑事案件中与量刑有关的因素，其中，被害人的诉求也是精准量刑应考虑的内容。当被害人不谅解被追诉人，不同意对其从宽处理时，此时要充分调查被害人不同意从宽处理的理由，尊重被害人的意见，但应严格按照刑事法规范的要求依法量刑，不能受被害人意见左右。

总之，在认罪认罚从宽制度背景下，精准量刑要求全面考察案件量刑情节，既能查清被追诉人的犯罪事实，也能较为客观地透过被害人一方反映被追诉人的认罪、悔罪态度，且并不会单方面地强调一方的权利而造成量刑偏颇的现象。

(二) 实体依据：罪责刑相适应原则的体认

罪责刑相适应原则作为司法实践中量刑的主线，应当主动验证刑事案件是否量刑公正，而不是被动地作为演绎者而存在。罪责刑相适应原则的核心要义是罪、责、刑之间的均衡，最终目的实现量刑公正，即罪责刑相适应的落脚点在如何实现刑罚正义，做到量刑公正。

一方面，精准量刑可以实现公正的报应，将刑罚之恶害加诸犯罪人。在量刑的过程中，精准性要求对犯罪人所作出的刑罚应是与责任相当的刑罚。我国《刑法》规定罪名的法定刑幅度较大。这种精准性意味着要充分考虑法定刑的分配，对法定刑的选择是精准量刑的关键一步。选择符合犯罪人罪责的法定刑，应全面衡量案件情节，充分考虑法定量刑情节与酌定量刑情节。

另一方面，对犯罪人精准量刑也能实现预防犯罪的需要。刑罚具有积极的一般预防的功能。量刑的精准性既能形成公开、透明的量刑规则，达到宣传法律的效果，又能警示潜在的犯罪人。质言之，精准的刑罚既能处罚犯罪人，又具有积极的一般预防的效果。对犯罪强有力的约束并不是刑罚的严厉性，而是刑罚的规范性与精准性。刑罚的精准性让公众认为对犯罪人的量刑是罚当其罪的，从而形成规范意识。

因此，精准量刑所反映的责任刑与预防刑，有利于保护个人权益,保障社会利益,其中的个人权益既有犯罪人的权利,也有被害人的权利;而社会利益主要是精准处罚犯罪人所带来的社会效益,既能保障国家利益、公共利益,也能保护一般人的利益。

(三)技术支持:大数据辅助精准量刑

大数据作为新兴的技术,在辅助我国量刑规范化改革中发挥了重要的作用,它可以提供更高效便捷的技术手段。

同时,人工智能与大数据也将会对精准量刑产生深刻影响,人民法院在互联网公布裁判文书所形成的海量司法大数据,将成为精准量刑的重要参考资料。大数据技术所具有的存储、分析、预测等功能,基于深度学习、自然语言处理等技术统计,分析刑事案例,为法官提供同案或类案的处理经验。

这些同案或类案反映出量刑规范化改革中的经验逻辑,有助于提炼量刑规律。因此,应当充分利用大数据技术之优势,设计精准量刑的模型,内嵌量刑公式。同时,应该在内嵌的量刑模型中,支持法官自由裁量权的功能。

总之,精准量刑借助技术工具,应在立法与司法上高度重视人工智能技术对司法制度、法律理念,特别是对量刑的辅助作用。

三、大数据精准量刑的方法:因合规而精准

当前,关于量刑规范化改革的法律文件不断完善,因其专业

性而日趋复杂。量刑规范化改革所积累的海量司法判例，无疑是活生生的量刑实践成果，正以类案的方式"引领"刑罚裁量的新方向。另外，"案多人少"的现实压力，也迫切需要更高效便捷的量刑方法。为实现"量刑公正"的司法目标，应严格依照现行法律规范，借助大数据技术进行精准量刑的构建。如何构建大数据精准量刑之方法，衔接刑事法律与大数据技术，进而追求更为精致、高效、透明的量刑，是亟待解决的问题。

（一）依规构建量刑模型

通过大数据技术构建量刑模型，是精准量刑的首要步骤。当前，海量案例数据是精准量刑模型的基础，必须借助大数据技术展开量刑模型的构建，为精准量刑奠定技术基础。

一方面，精准量刑模型的建构应识别案件类型，准确识别案件中的信息，将描述案件事实数据粒度从文档级别降级到标签级别，聚合大量知识标签，快速构建基于知识图谱的精准量刑模型知识库。知识图谱的构建技术主要有自顶向下和自底向上两种。自顶向下实现路径主要是参考法律法规内容，提取高质量数据法定定罪量刑的实体信息并加入知识库。自底向上图谱结构是借助机器学习的技术手段，从公开的法律文书中提取法定、酌定情节实体信息并加入知识库。知识图谱的构建是一个持续迭代更新过程，每一轮迭代主要包含以下几个阶段。(1)信息提取：从大数据量的公开文书中，利用NLP技术，提取案件属性等实体对象，利

第二章　人工智能时代下公正量刑的均等化与可及化

用机器学习方法和语义规则关系将实体进行关联,从结构化、半结构化、非结构化的信息中获取知识,形成基于图结构的知识结构。(2)知识融合:基于以上多个图知识结构进行合并,构建数据之间的关联,并消除语义矛盾和歧义,如坦白和自首不应该同时被评价。(3)知识评估:对于已融合的新知识,选择置信度高的知识内容加入知识库(部分经过人工审核),保证知识库的质量。

另一方面,在构建量刑系统的知识库之后,结合案例输入信息,输入实体进行相似度匹配以及关联关系的深度匹配,进行知识推理得到预测量刑结果,再统计和输入与量刑有关的罪名、法条、刑罚裁量以及类案等信息,并根据《刑法》的规定设置主刑与附加刑。在设置量刑规则时,可以设计实时刑期预览环节,使量刑配置可视化图表。为避免量刑的机械化,弥补大数据量刑的不足,在量刑模型中,应配置法官自由裁量权功能,即法官可以根据案件的不同,调节刑量比例,实现精准量刑下的刑罚个别化。

(二)依规提炼量刑情节

量刑模型构建完成后,就需要提炼量刑情节。提炼量刑情节的设计过程需严格遵循刑法、司法解释、各级量刑规范指导文件、指导案例等,确保量刑结果统一、合规,并尽可能"穷尽"在个案中出现的量刑情节,对这些情节进行定性和分类,从而制定出对应个罪情况的各省量刑情节表。存在多少种具体的个罪,就存在多少张量刑情节表。

第一，参照各地量刑指导意见实施细则，对规定的各种量刑情节进行归纳与总结，并对其加以分类，以情节为基本变量构建完整的量刑因素知识图谱。同时，为适应复杂多变的审判实践的需要，须进一步完善特定地域具体个罪在实践中可能出现的量刑情节。例如，全国多地较普遍规定了"盗窃行为给失主造成的损失大于盗窃数额"这一量刑情节，而《北京量刑细则》未予以规定。考虑量刑之各类情状，在提炼量刑情节时，可将其作为北京市地区的酌定量刑情节。这说明，量刑情节的提炼应整合全国法院的量刑经验，可将 A 地规定的量刑情节提炼为未规定该量刑情节之 B 地的酌定量刑情节。

第二，应通过技术手段对司法大数据进行分析，提炼出司法实践中客观存在的影响量刑的因素（以下简称"司法大数据中影响量刑的情节"），即提炼已决刑事案件中形成的量刑规律，并将其作为法官对具体个案进行刑罚裁量时的参考。例如，已决刑事案件中的"被害人失去知觉或者没有发觉时临时起意拿走财物，从重处罚""盗窃军事通信线路、设备的，从重处罚"，等等。

第三，在量刑情节表中，应预设情节冲突的处理机制，防止量刑情节的不当竞合，从而实现量刑情节组合的合理性。例如，在具体个案中，累犯的评价通常包含了前科的评价，若认定某一被告人成立累犯，往往将不再适用前科的从重情节，否则即违反禁止重复评价原则。换言之，精准量刑强调的全面评价并不等于可以重复评价。因此，在提炼从重情节时，应设置冲突处理规则，将累犯与前科设置为冲突情节,自动过滤其中某一情节,从而避免在情节选择上的逻辑错误。

(三)依规构建量刑规则

在提炼量刑情节之后,应当严格按照规范之要求构建量刑规则,具体而言:

首先,应确定量刑起点。任何刑罚的裁量都需要在基本犯罪构成事实所对应的法定刑幅度内确定量刑起点,若《量刑指导意见》对具体个罪规定了量刑起点,则依指导意见的规定予以确定。为实现量刑的精准化,应通过对该犯罪案件所在地区个罪的大量案件进行实证分析,在《量刑指导意见》规定的幅度内,提取以"近似点"的形式所表现的量刑起点。若《量刑指导意见》未规定某一个罪名的量刑起点,也应通过司法大数据实证研究之方式确定量刑起点。

其次,确定调节基准刑的算法。应严格按照《量刑指导意见》确定调节基准刑的算法,并搭建相应的量刑模型,即在基本犯罪构成事实所对应的法定刑幅度内确定量刑起点的基础上,根据剩余犯罪构成事实及其他影响犯罪构成的犯罪数额、犯罪次数、犯罪后果等犯罪事实,在量刑起点的基础上增加刑罚量确定基准刑,再根据其他量刑情节调节基准刑。对于一般的量刑情节,则采取同向相加,逆向相减的算法;对于存在不同层级量刑情节的,则采取连乘算法调节基准刑。对于《量刑指导意见》未规定的个别罪名,则参照刑法、司法解释等规范的规定,结合司法大数据分析归纳总结的审判经验确定其算法。

最后,确定调节宣告刑的算法。应结合案件的整体情况,对量刑情节影响基准刑的调节结果进行综合判断。依据罪责刑相适应原则,若该调节结果在法定刑幅度范围内,则直接确定为宣告刑;若存在应当减轻处罚情节的,则在法定最低刑以下确定宣告刑,有数个量刑幅度的,则在法定量刑幅度的下一个量刑幅度内确定宣告刑;若只存在从轻处罚情节的,依法确定法定最低刑为宣告刑。若调节结果在法定最高刑以上的,可以依法确定法定最高刑为宣告刑。上述所得出的宣告刑,应通过司法大数据分析,根据类案匹配情况进行适当修正,并提供最佳参考数值。此外,构建的量刑模型中,依据《量刑指导意见》赋予司法人员可以在参考数值20%范围内酌情调节刑量的权力,将自由裁量权转换成可视化的"调节键",以更好地适应本地区现实情况和审判实际。

四、大数据精准量刑的实践路径:因实证而精准

在量刑理念的指导下构建的精准量刑方法,应通过实证而实现量刑精准化,即量刑精准化的实践路径是实证化的展开。为了避免出现精准量刑的机械化、形式化等现象,应当实现精准量刑规则透明化、量刑方法可视化、量刑情节提炼精准化,消除公众对量刑"暗箱操作"的疑虑,使精准量刑具有责任刑的"功效"。同时，为了实现一般预防之目标，应通过大数据技术将精准量刑的方法予以实证化。通过实证检视其方法的可行性，及时调整量刑方法，使之更加精准。因此，应当通过实证的方式，辅助确定量刑参数、确定量刑起点，从而确定宣告刑。这种量刑实践路径应当可以是更高效与透明的。

（一）实证辅助确定量刑参数

任何个罪的量刑模型都涉及多种量刑参数，如量刑起点、减轻处罚的下限、特定量刑情节刑罚调节比例等。显然，精准的宣告刑必然依赖上述参数的精准确定，其表现为具体的、确定的数值。在遵守《量刑指导意见》的基础上，可以近千万份刑事裁判文书的司法大数据为对象，通过大数据技术进行筛选，挖掘出某一具体个罪在某一特定地区的案例数据，智能提取司法实践中的量刑结果，将大数据中的量刑规律转换为司法实践中可参考的量刑"线条"。通过对相近条件下刑罚结果的数据对比分析，从而归纳总结出各量刑因素确定的实际参数值，由此避免量刑活动"脱规"乃至失控。这需要将量刑原理和专业知识融入案例筛选、情节甄别、数值分析等每一个环节中，真正实现去伪存真，提炼所需。如为明确某一量刑情节刑罚调节比例的确定数值，应当提取司法判决文书中该情节要素，并过滤掉无关因素，对该情节影响下因不同构成事实所形成的刑罚量进行数据对比，并参考《量刑指导意见》的规定，由此确定具体的调节比例。

例如,将上海地区盗窃数额2000元的案件量刑起点设置为4个月,若其中具有扒窃情节的案例的宣告刑分布的峰值集中于5个月,则可将此类案件的量刑参数确定为5个月(具体数据见图2-8);若数额在6000元至7000元且同样具有扒窃情节的案例,其宣告刑较多分布于10个月,则可将10个月设置为此类案件的量刑参数(具体数据见图2-9)。在过滤掉其中无关因素的情况下,结合《上海市高级人民法院〈关于常见犯罪的量刑指导意见〉实施细则》(以下简称上海《量刑细则》)的规定,若将"扒窃"这一量刑情节的通常调节比例确定为17%,可以实现量刑精准化,则可以确定调节比例为17%。但出现量刑偏差时,这一调解比例仍可以继续调节,直至达到量刑精准化。当然,在精准量刑的进一步推进、大数据实证化研究更加成熟的基础上,精准量刑系统可以根据实际变化调整量刑参数,从而使精准量刑在大数据技术的支持下更符合实际,更大程度上克服对大数据量刑机械化的指摘。

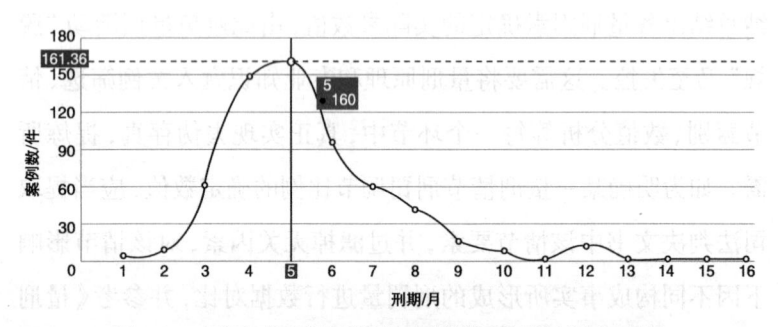

图2-8 上海市"扒窃"情节在不同数额盗窃案件的影响情况

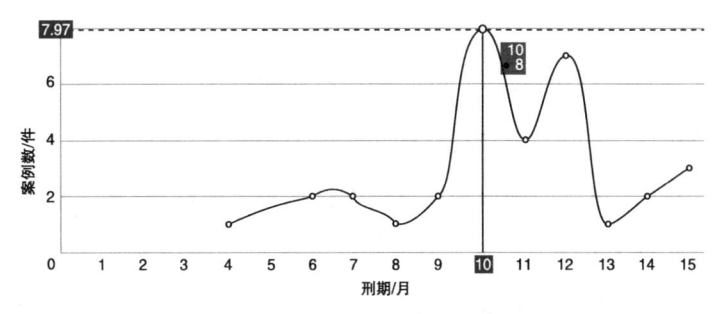

图 2-9　上海市"扒窃"情节在不同数额盗窃案件的影响情况

(二)实证辅助确定量刑起点

量刑起点的确定是刑罚裁量的第一步。量刑起点作为具体个罪的基本犯罪构成事实一般既遂状态下所应该判处的刑罚量,应该严格依照法律规定,并结合实证数据予以确定。

例如,上海《量刑细则》规定,敲诈勒索数额达到较大的,在 4 个月拘役至 6 个月有期徒刑幅度内确定量刑起点。根据上海市该类案件的大数据分析,在类似的犯罪构成事实基本固定的情况下,大数据显示最终刑罚的波动范围不超过 3 个月。因此,可以直接将 3 个月确定为起点的幅度区间。若《量刑指导意见》对具体个罪没有确定量刑起点的,则可以根据司法大数据归纳总结审判实践中的量刑规律进行确定。又如,根据《北京量刑细则》的规定,盗窃公私财物,犯罪数额达到"数额较大"起点 2000 元,或者入户盗窃、携带凶器盗窃、扒窃的,或者在两年内盗窃三次的,在 3 个月拘役至 9 个月有期徒刑幅度内确定量刑起点。即关于盗窃罪最低定罪数额的起点规定了3个月至9个月的幅度。通过收集北京市盗窃数额为2000元的盗窃罪案件457个,在经过大数据分析后,可以发现其最终刑罚峰值集中于6个月。因此,在司法实践中,可以明确该地区该类案件达到定罪标准,通常确定的常量起点为6个月。从大数据中可以看出,司法实践中法官采纳5个月至7个月作为量刑起点的占绝大多数。科学确定一定幅度的刑量,是对量刑模型嵌入法官自由裁量权的回应,但个案的情况特殊,应支持根据具体案件重新确定量刑起点。

(三)实证辅助确定宣告刑

确定量刑起点之后,应根据案件的情节确定宣告刑。宣告刑应根据大数据实证化所确定的算法基础提出,综合全案情况,结合推送类案中所提取的刑期分布,对宣告刑进行适当修正。所谓类案推送,即通过量刑模型中的语料库,推荐与待办案件最相类似的案件。为实现类案类判的目标,辅助确定宣告刑,应运用自然语言处理和数据分析技术,对数据库中几百万份判决文书进行识别和筛选,优先推送与具体个案情节高度相似的类案。通过类案查看其裁判内容和详情,从而实现《量刑指导意见》的要求:一是量刑要客观、全面把握不同时期不同地区的经济社会发展和治安形势的变化;二是对于同一地区同一时期,案情相近或相似的案件,所判处的刑罚应当基本均衡。如图2-10所示,即为根据用户输入的盗窃数额8000元、入户盗窃、前科、坦白等条件所展示的类案情况。

第二章 人工智能时代下公正量刑的均等化与可及化

图 2-10 类案结果的展示

此外，量刑模型中还应记录某一地区对某案件的调节情况，智能分析该地区未决案件的宣告刑数据，并建立该地区未决案件宣告刑数据库。量刑模型通过深度学习，在修正类似条件下的宣告刑时将优先按照该数据区间进行推荐，从而形成刑罚裁量的可预测性、连续性和稳定性，进一步优化宣告刑裁量机制。

（四）实证辅助保障量刑的高效与透明

基于实证的精准量刑系统应做到高效透明，并发挥以下优势：一是高效解决"案多人少"的量刑工作实际；二是透明化的量刑方法与量刑规则，使精准化成为可视化。在助力精准量刑的过程中，又能辅助普通民众"参与"量刑，强化民众精准量刑的规范意识。

首先，精准量刑系统应做到操作简易快捷。在司法实践中，法院实现量刑公正的同时，借助智能量刑模型，能够涵盖该地区具体个罪的所有量刑情节，从而实现对案件的全面评价。全面评价意味着需要将案件的全部事实、法定量刑情节、酌定量刑情节输入量刑模型中，此时，如何将交互界面设计得简洁流畅、便利使用即成为"高效"的评价标准之一。此外，操作页面应实时展示量刑过程，提示量刑情节的冲突，智能化处理量刑情节冲突问题，并展示精准量刑的结果。

其次，智能量刑应通过实证实现论证的透明化。量刑公正的关键在于公开透明，即强化宣告刑的释法说理。精准量刑方法在实践中的展开，也应明确量刑说理的可视化，详细展示精准量刑过程中量刑方法的理由、实现方式，从而保证刑罚裁量的合理性得以充分体现。量刑说理的可视化可以通过量刑规范化表格实现。以表格数据形式完整展示形成最终量刑结果的各种因素及其影响权重，具体包括量刑起点、基准刑、所有量刑情节及其调节比例、量刑计算公式等，根据表格可全面了解整个量刑过程，从而实现量刑过程的公开化、透明化展示。

最后，精准量刑在实践中应以数据图表可视化展现。数据图表可视化分析是对某地区类案整体情况的宏观展现。通过扇形图、散点图、柱状图等图表形式展示所在地区以及全国各地区的宏观司法数据，包括主刑分布、缓刑数量、附加刑、量刑情节占比及案例的地区分布情况等，从而使量刑的过程与结论可以得到大数据的辅助参考，通过大数据推送类案获得精准性。

第三章

人工智能时代下正当归责的均等化与可及化

在人工智能时代,法治均等化与可及化在获得前所未有的机遇的同时,也面临相应的障碍。例如,人工智能体的生产、运作会伴随一定的风险。那么,在这些人工智能体造成损害结果的场合,究竟是否需要追究生产者、经营者的刑事责任面临质疑。尤其是人工智能体是否能够成为承担刑事责任的独立主体,更是引发巨大争议。因此,有必要对人工智能时代下法治均等化与可及化障碍予以分析,并提出相应的克服对策。

第三章　人工智能时代下正当归责的均等化与可及化

第一节　人工智能时代的刑法问题与应对思路

一、问题的提出

鉴于人工智能技术时代带来的重大影响,关于人工智能时代的刑法命运问题,聚焦在以下几个部分:一是人工智能技术背景下的智能主体(智能机器人、智能产品等,下同)的刑法地位,主要涉及是否具有刑事责任能力、是否属于当代刑法意义上的一种新的犯罪主体,以及由此对"人"作为犯罪主体的传统格局的影响。这一问题具有基础性和全局性,左右后续问题的解决。二是在人工智能技术广泛应用的背景下,智能产品等智能时代的"主体",是否需要承担刑事责任以及如何对其追究刑事责任,进而要求传统刑事归责理论作出合理的改变。三是人工智能时代下的新型犯罪有别于传统犯罪,对其施加刑事制裁也应作出调整,传统的刑罚措施与刑罚体系迎来裂变。四是积极推动当代刑法理论体系与人工智能时代的呼应,这不仅是刑法理论研究的新增长点,也是当代刑法立法的重要内容。

二、人工智能时代的犯罪主体蜕变

在人工智能时代,智能主体的智能化程度不断升高,其最终结果是与"人"可以媲美,甚至超越人的智能。而这就直接从根本上冲击"人"作为犯罪主体的刑法地位,也引发了智能主体是否可以是犯罪主体及其客观的影响等一系列问题。

(一)智能犯罪主体的地位之争

目前,鉴于人工智能技术的本质就是基于"算法"而形成的高度智能化属性,由此确立的智能主体在不断接近人类的智能之际,其主体性问题也必然显现。它是指智能主体是否与人无差异、是否可以作为一种犯罪主体而存在的问题。

1.理论争议

目前,关于新兴智能主体可能的未来刑法地位,主要观点有:(1)电子人;(2)有限的法律拟制主体;(3)分阶段的法律主体类型;(4)有限的法律主体人格。总体上看,关于正在形成的智能主体是否应当具有主体资格,上述四种看法总体上均持肯定的立场,并以限制的法律主体为主要立场;同时,也侧重根据人工智能技术的发展阶段,来对智能主体的地位进行动态判断和划分,亦是可取的。

2.基本立场

应该说,以上四种看法,各有其可取之处。它们的共同之处在于,基于技术发展与现实需要的情况,理性地、有限制地明确肯定智能主体应当具备法律主体的资格,进而也就可以作为刑法意义上的犯罪主体。同时也认为,在目前的智能技术以及应用背景下,赋予智能主体完全与人一样的法律主体资格,在技术上不够现实,在实践中也难以把控。基于这些考虑,提出根据人工智能技术的发展阶段,而确立不同类型的智能主体及其法律资格、行为能力等。

但其共同的问题在于:(1)只肯定应然层面的必要性是不够的。智能技术与刑法的对接并非直通的关系,而是复杂的逻辑转换问题。只有刑法明确了科学合理的对接原则、规则以及标准后,才能在实然层面讨论这些问题。否则,更多的是空谈,无法在刑法层面解决可操作性等有效问题。(2)要区分智能主体在一般意义与刑法语境中的差异。刑法评价智能主体的行为及其责任等问题时是立足于规范层面,遵循法定原则,而且对象是人及其实施的行为。因此,不能将一般意义上的智能主体及其法律主体资格问题,直接移植用于刑法意义上,而应结合实际情况进行分析和判断。(3)要准确把握刑法意义上的智能主体所应具备的基本条件。作为刑法意义上的智能主体必须满足刑法所规定的条件和要素。对于智能主体而言,尽管其与传统的人作为犯罪主体是有差异的,只是在人工智能的初期阶段,从法理上仍可以参照适用。

基于此,可以看出,在讨论智能主体是否具备刑法中的主体资格问题时,仍需要回归到规范刑法学层面,尝试探讨智能主体的刑事责任能力等规范要素。

(二)智能主体的刑事责任能力

按照传统刑法理论与规定,犯罪主体是以具备刑事责任能力为前提的,通常为自然人,但也包括法律拟制的法人。对于智能主体而言,对其特定层面上的刑事责任能力的考察,也不妨作为判断智能主体地位的一个重要突破口。

1. 主要看法

在我国刑法理论中,较早地意识到刑事责任能力对判断智能主体地位的重要作用,并形成了以下判断的方法:(1)人工智能产品的智能强弱度作为评价系数;(2)刑事责任年龄的"功能类比"路径;(3)域外立法的正面参考。

以上三种不同的看法所立足的角度各有其合理性。应当肯定的是,从智能程度的角度进行分析是最直接和有效的方式。从技术的评价角度看,可以将人工智能技术的应用发展分为弱人工智能、强人工智能和超人工智能三个阶段,目前应当还处于弱人工智能阶段。而且,通过这种方式还可以更客观地判断智能主体是否具有刑事责任能力及其程度。基于这种考虑,从传统刑事责任能力的判断路径出发,以"刑事责任年龄"进行类比分析也是一条可行的探索路径。同时,从域外比较的立场出发,既然有国家已经启动立法,并对智能主体的法律资格和地位作出明确规定,则意味着从法理上是可以拟制智能主体的法律资格,进而也可以在刑法层面拟制智能主体的刑事责任能力及其程度、类型等。

2. 应然立场

在人工智能技术深入发展的背景下,对于发展状态中的不同智能主体是否具有刑事责任能力的问题,应当从更广阔的多角度进行综合分析和判断。第一,在人工智能的初期阶段,运用传统刑法原理进行分析有其合理性与可行性。考虑到当前仍处于人工智能时代的初期阶段,而且这场变革耗时漫长。在解决智能主体是否具有相应的法律资格等问题上,不宜断然抛弃当代刑法体系,讨论刑事责任能力问题是必要且可行的,且有助于分析智能主体的刑法地位问题。第二,人工智能技术及其所达到的智能程度是最基础的技术标准与依据。智能主体的首要特征是"技术"问题,其次是与之高度关联的智能程度问题。在考察智能主体的法律资格及其行为能力时,也需要立足于智能技术这一首要因素,围绕智能程度这一关键问题,展开相应的讨论。否则,有可能偏离问题的实质。第三,弱人工智能产品与强人工智能产品的区分有一定的视野狭隘性。从智能技术层面看,强与弱的技术判断并非易事,二者的界限也不是泾渭分明的,以至于这种类型化思考未必贴近实际情况。更重要的是,根据智能程序来区分强与弱,其实质仍然是对智能程度的一种判断,强与弱的划分是比较简化的思考方式。第四,要在"技术+刑法"相结合的原则下对智能主体的刑事责任能力问题以及智能主体的智能程度及其类型进行综合性、比较性分析。从而建立起层次分明的智能主体格局。

"技术+刑法"的综合原则要求避免落入技术危险过度刑罚化的窠臼。或许有观点认为,(强)人工智能体具备了自我意识,能就其外部环境主动性地进行自我辨认并控制自己的行为,可以达到人类的刑事责任能力程度的智能水平,因而人工智能体能够具备法律主体资格,如成为刑事责任主体。这个逻辑显然难以成立。刑事责任能力作为责任要素,不仅具有事实性,还具有规范性。关于刑事责任能力的意义,学界曾有争议。根据新派的社会防卫论,对行为人适用刑罚只需要考虑特殊预防的必要性,而不用考虑行为人是否具有责任能力。但是,这种观点被认为是对人权和自由的践踏,不为我国刑法所采纳。也就是说,以责任能力作为犯罪要素是出于保障人权的一个规范性判断。假如刑法的目的只是特殊预防,就没有必要再去讨论责任能力的问题。因此,所谓"强人工智能体具有责任能力"的命题,其实是跳跃了一个重要的判断前提:是否需要保障人工智能体的人权。如果认为,承担刑事责任的关键在于行为主体能够意识到自身行为的社会属性并在自我意志控制下实施行为,那么,当基于技术实现不可行的情况下,由于人工智能体没有自我意识,则谈不上其具有意识到自身行为的社会属性在自我意志控制下实施行为的这种能力,缺乏刑法评价意义上的行为认识与控制要素的自主性(刑事可答责的基础),因而不能认定为具有刑事责任的适格主体。不过,认为刑事责任主体的适格要求并不是主体的认识能力和控制能力,即并不需要其有自我认识意识这一前提要素,如刑罚可罚及动植物,这一观点已不被现代刑法及其理论所认可。当然,有个别学者认为,讨论智能机器人具有辨认能力和控制能力走入了一个误区,而应立于社会防卫论,创立以人工智能等科技风险为对象的

"科技社会防卫论"与"技术责任论",将人工智能作为独立的刑事责任主体,对具有实施了危害社会行为的人工智能施以技术危险消除措施。[1]笔者认为,这一观点只是借刑法之名,行技术措施之事。若将技术危险消除措施纳入刑罚圈,无疑极大地泛化了刑法,可能会导致刑法名存实亡——当前技术危险消除措施可谓俯拾皆是。换言之,基于"科技社会防卫论"与"技术责任论",将技术危险消除措施纳入刑罚圈,从而将人工智能体作为独立的刑事责任主体,事实上混淆了刑法和其他技术危险消除措施规范的界限。

(三)智能主体的刑法地位及其影响

在人类社会中,人是最重要的存在基础,也是占据主导地位的行动主体。从近现代刑法的发展史看,保障人权作为其核心命题,正是围绕加害人与被害人以及受之影响的国家、社会而展开的。然而,在智能时代,智能主体的出现不仅打破这种长期以来的制度平衡关系,也对传统刑法的发展与走向产生深刻的影响。

1.实施犯罪与承担刑事责任的能力

在智能技术的"算法"逻辑中,智能主体完全具备独立性与自主性,但条件是不脱离智能技术所处的社会前提和基础。而且,不能直接套用人类社会的"固见"进行"同质化"思考,而需

---

[1] 参见黄云波:《论人工智能时代的刑事责任主体:误区、立场与类型》,载《中国应用法学》2019年第2期。

要切换社会背景与话语体系,肯定人工智能社会的独立性,进而肯定智能主体的独立性。

2.机器人权利及其刑法保护

人工智能技术的发展以及智能主体的翻陈出新,急速地强化了智能主体的地位。相应地,机器人是否拥有权利及其权利地位等问题相继涌现。从技术发展的趋势来看,伴随智能主体的智能程度及其地位的提升,智能机器人不仅可以作为未来的潜在犯罪主体,其作为人工智能社会的行为主体,也同样具有相应的法律权利,如机器人的权利主要有数据共享权、个体数据专有权、基于功能约束的自由权、获得法律救济权等。

三、人工智能时代的刑事责任与基本思路

在人工智能时代,犯罪主体身份的变动直接牵涉其他犯罪构成要件要素的整体变化。这不可避免地影响刑事归责问题。对此,需要站在一个更契合人工智能时代的语境下展开更理性的讨论,通过刑事归责来遏制刑事风险问题。

(一)利用智能主体实施犯罪

人工智能技术是现代互联网信息技术的下一个端口,从其刑事风险的类型看,利用人工智能技术、应用以及最具智能性的智能主体实施犯罪是首要和常见的类型,其本质是技术滥用作为一种犯罪工具,滥用主体应当承担刑事责任。

1.行为定性的路径

在人工智能时代的初期发展阶段,智能程度偏低的人工智能产品等作为犯罪工具被利用于实施严重危害社会的犯罪行为,可能涉及危害国家安全、国防利益、公共安全和社会管理秩序以及危害经济、侵犯财产、危害人身等方面。同时,从刑法角度看,行为人故意利用人工智能实施犯罪行为的刑事责任分析,都是建立在人工智能及其应用对于行为人而言只是一种"智能工具"的情况下进行的。智能机器人通常不具有真正的独立性,因而其所实施的犯罪行为,往往是根据人类设计和编制的程序范围而作出的。从犯罪本质看,这其实是人类的意志体现,即使发生了严重危害社会的犯罪行为,智能机器人也只是一种"智能工具",自身不需要承担刑事责任,但利用的主体则不能例外。

2.新型网络罪名的解释张力

《刑法修正案(九)》增加了第286条之一、第287条之一、第287条之二3个条文。这3个条文的刑法解释意义表现在以下方面。

第一,拒不履行信息网络安全管理义务罪。如果智能主体的研发者与设计者明知其负有相应的研发和设计义务以及具备实施这些法定义务的"技术能力",却拒不履行法定的义务,是一种典型的不作为犯罪。在造成严重后果的情况下,可以参照《刑法》第286条之一的规定予以处罚。

第二,非法利用信息网络罪。该罪将非法利用信息网络的预备行为予以实行行为化,对积极打击"网络手段型"犯罪及其前端的黑色产业链都有积极的作用。

第三,帮助信息网络犯罪活动罪。该罪被认为是网络帮助行为的"共犯的正犯化"立法。对于在明知的情况下,仍然提供相应的技术支持与帮助,如侵入和破坏智能程序的工具等,情节严重的,属于需要独立处罚的网络技术帮助行为。

(二)针对智能主体实施犯罪

从类比的角度看,当前不断趋于严峻的网络犯罪,在本质上与人工智能时代的犯罪具有"相当性"。换言之,智能主体可以是被害的对象,继而也是需要保护的对象,因为它关系到智能时代的安全与有序。但如何保护需进一步讨论。

1.研发者与使用者作为责任主体与预见义务的判断

在人工智能技术处于不断发展的情况下,判断人工智能的研发者和使用者是否对危害结果负有预见义务,需要考虑研发或使用当时的人工智能技术发展水平。从人工智能技术的开发与应用来看,设计者和研发者处于最前端,也是技术风险的把控者,同时负有一定的事前安全管理义务。因此,从逻辑上看,有承担刑事责任的必要性。不过,对其追究监督过失的刑事责任是非常严苛的责任模式。追究研发者与设计者的监督过失责任,以负有相应的监督义务为前提,如风险防范与控制、监督、制止等不同的义务。考虑到技术的中立性,这些义务需要通过立法的方式予以明确。

2.传统计算机犯罪罪名的解释能力

在现有的规定下,对于针对智能主体实施的犯罪问题,在定性上,也可以援引网络"对象型"犯罪规定,从而缓解"无法可依"的窘境。

第一,非法获取计算机信息系统数据罪。对于非法获取人工智能技术或智能产品的应用程序等行为,如果严重危害了智能主体的安全以及智能技术、智能时代安全的,可以考虑参照《刑法》第285条第2款,以非法获取计算机信息系统数据罪论处。

第二,提供侵入、非法控制计算机信息系统程序、工具罪。对于实施危害智能主体的犯罪行为,如果有提供侵入或非法控制等违法程序、技术或者工具等的,可以参照《刑法》第285条第3款的规定处理,借此可以更好地打击黑色产业链条。

第三,破坏计算机信息系统罪。实施针对智能主体及其程序等的危害行为,严重危害智能主体的正常运行,情节严重的,可以参照《刑法》第286条的规定进行论处。

(三)智能主体独立实施犯罪

从人工智能技术发展的角度看,针对人工智能所设计和编制的程序,对于日益智能化的智能机器人而言,其控制能力将明显下降;同时,意味着人类作为研发者与设计者,对智能主体的控制力也会不断降低。相应地,真正意义上的智能机器人在不久的将来可能出现,其将完全具有独立的辨认能力与控制能力,完全可能按照自主意识和意志实施严重危害社会的犯罪行为,应当成为刑事责任的主体。由此可见,对智能机器人追究刑事责任的关键前提是智能机器人可以作为刑法意义上的独立犯罪主体。

在设计和编制的程序范围外实施行为时,如果智能机器人的行为实现的是自主意志而非他人意志,可以视为是刑事责任主体。这是在人工智能的初期阶段,基于智能程度的强与弱之差异,并特别对高强度的智能主体所作的一种身份预判。同时,这种判断标准也有较为明显的认识狭隘性,既无形中默认了智能主体依附于人这一制造者的客体特质,也限制了智能主体不断趋于独立的潜能。尽管如此,通过上述方式对智能主体独立实施犯罪和承担刑事责任问题的"论证",可以为应对这类问题的司法提供有益的方向。

四、人工智能时代的刑法立法课题及其展开

对于正在迎面而来的人工智能时代的刑事风险,刑法立法应作出前瞻性的有组织反应,从而提高当代刑法的时代适宜性与治理犯罪的效果。

(一)刑法立法应对路径的现实必要性

在任何社会形态中,刑法通过立法实现自我完善与功能转

型,不仅是立法所具有的"变革"能力的客观体现,也是社会历史经济发展所"倒逼"的结果。对于人工智能时代的犯罪问题,刑法立法完善仍然是一个"不二的选择"。

1.人工智能时代倒逼立法变革

在大变革时代,理论界应当确立的一般共识是,人工智能技术的发展,客观上迫使传统刑法立法作出改变,因应智能时代的新型、专属立法是必然趋势。

对于"针对人工智能时代的刑法完善"这一迫切问题,其理由大体为:(1)社会变革与法律转型。人工智能技术的快速迭代与法律发展及其监管的滞后现象之间的不适性进一步加剧。对于很多人工智能引发的法律问题,传统法律制度无法有效解决。在这种剧烈变革的背景下,加快人工智能领域的专业立法与制定符合国情需要的法律法规是当务之急。(2)刑法立法转型。任何立法都是社会变化发展的产物。对于刑法立法而言,也是如此。通过立法对人工智能的刑事风险进行回应是其使命所在,而且不能落后于现实社会对刑法立法的迫切需求。

2.因应人工智能的刑法立法方向

关于当前如何把握人工智能时代的立法方向,需要关注以下几个方面:(1)立法的前瞻性。随着全面的人工智能时代的即将到来,刑法需要对未来可能产生的风险进行预先性的展望,如构建人工智能犯罪相关规范体系,人工智能犯罪的主体制度,人工智能犯罪的行为模式等。(2)试验性的专门立法。例如,对于自动驾驶等智能技术发展已经相对成熟、产品亟待进入市场的应用领域,立法需求是旺盛的,可以尝试进行地方性或试验性的立法。(3)局部调整是当前的主流方向。从立法应对的幅度和范围看,完整意义上的"机器人刑法"作为更具颠覆性的做法,与"传统刑法修正"的渐进性改革方案是相互对立和依存的。从更稳妥的立场看,局部调整在很长一段时间是主要的选择;而且,局部性的调整可以通过积累的方式,为今后的整体调整奠定基础资源和准备条件。更现实的理由在于:人工智能技术仍处在早期阶段,人工智能应用的智能化程度相对不足,人工智能背景下的新型智能犯罪不具有真正的独立性。

(二)人工智能犯罪时代的罪名增设

关于人工智能时代的刑法立法活动,合理增设新的罪名是回应司法需求的当务之急。只是在罪名增设的问题上,要防止"见招拆招"的被动性,提高立法完善的科学性与体系性,循序渐进地根据实际情况并立足长远增设必要的新型罪名。

1. 立法完善的现状考察

关于罪名增设的问题,有观点认为,宜考虑增设滥用人工智能罪、人工智能事故罪。简言之:(1)滥用人工智能罪。在人工智能时代,滥用人工智能行为是对人类社会安全这一核心利益的破坏,应当特别地加以规制。从社会危害性的程度看,滥用人工智能的,可能要高于传统犯罪行为。对于在自主意识和意志的支配下实施行为的,智能机器人应当承担滥用的刑事责任。(2)人工智能事故罪。对于人工智能产品或智能机器人所引发的重大社会危害,在大多数情况下,研发者和使用者作为"负责主体",对潜在的风险具有一定的事前控制能力。由此,人工智能产品研发者和使用者承担严格责任是符合法理的。严格责任是以负有特殊义务为前提,目前主要以违反人类社会中的法律以及道德等规范和价值、数据保护义务、自主武器系统的有效控制等为主要情形。而且,滥用人工智能罪与人工智能产品事故罪的增设,其实都指向研发者和使用者,前者是从故意犯罪的角度出发,而后者是从过失犯罪方面出发,构成一个完整的罪名结构体系。[1]

对于关于滥用人工智能罪、人工智能事故罪的探讨,应该说,都比较客观地回应了理论上的一些前沿思考以及现实情况。诚然,在人工智能时代,滥用智能技术是较为常见的,因智能技术的使用主体不负责任的行为也多有发生。对于这两类行为,情节严重的,予以刑事处罚有其必要。同时,考虑到现有规定的不相称性,另行增设新的罪名有其积极意义。只是从行为特征等因素看,滥用智能技术与智能技术事故的区分仍具有较强的传统立法思维的窠臼,在人工智能犯罪时代是否继续可行值得研究。而且,增设过失型的智能犯罪是否有些激进也值得商榷。

---

[1] 参见刘宪权:《人工智能时代的刑事风险与刑法应对》,载《法商研究》2018年第1期。

尽管如此,明确提出立法意见与罪名设置的立法参考意义不容否认。

2.罪名增设的基本逻辑

罪名增设的实质是犯罪化。但犯罪化的立法进程必须坚持适度必要的原则,要充分释放每新增加罪名的规制范围和能力,提高立法体系与功能之间的协调性。

当前,结合有关罪名增设的讨论,考虑到人工智能时代的演变及其刑事风险的发展规律,在采取必要的犯罪化策略时,应注意以下几个方面:

第一,犯罪类型的分析。应该说,人工智能的刑事风险类型,是确定罪名增设的基本逻辑所在。目前看,人工智能的刑事风险大体可以分为三类:第一类是利用人工智能技术或智能机器人实施犯罪,是一种非法利用行为。第二类是针对人工智能技术或智能机器人实施犯罪,是一种针对智能时代的安全价值的破坏行为。第三类是智能机器人作为完全独立的新型犯罪主体,实施真正意义上的智能犯罪。这三类犯罪的基本性质从危害行为的类型看,可以概括为"非法利用智能技术""破坏智能技术安全""智能机器人独立实施犯罪"三种情形。相应地,对于三类不同的犯罪,立法也要对症下药,增设与之相关的罪名,避免立法的重复性与交叉性,提高立法的专门性与有效性。同时,对于智能主体独立实施犯罪的情形,由于这一观察过于超前,在立法上也应审慎。

第二,罪名性质的选择。在人工智能时代,由于智能主体实施的犯罪具有很强的技术性特征,因而,在罪名的性质选择上,需要注意以下方面。首先,遵循危险犯的适度增设原则。人工智能技术的滥用风险等更容易出现,一些利用人工智能技术的行为往往具有高度危险性,在必要的情况下应当对其进行处罚。但是,增设危险犯应当坚持适度原则,避免犯罪圈的不当扩大。其次,要慎重增设过失犯。目前,人工智能技术是人类社会探索科学技术的最前沿。而对一项新兴技术的创新与探索,人类的认识能力是相对有限的,同时也在随着人工智能技术的发展而发展。对于一般的业务过失或监督过失的行为,应当慎重处罚;否则,不利于鼓励技术创新。对于严重过失且造成重大危害结果的,可以在条件成熟的情况下制定相应的罪名。

(三)人工智能犯罪时代的刑罚增设

对于人工智能时代下的新型犯罪问题,传统刑罚体系也需要及时作出相应的调整。

1. 刑罚体系更新的必然性

在人工智能时代,犯罪的本质及其特征等因素都发生了不同程度的变化,刑事责任的内容也是如此。刑罚范畴作为末端,也受此影响。基于有效惩治和预防犯罪的目的,有必要对传统刑事制裁体系进行一定的调整。

第一,在人工智能犯罪时代,犯罪形态的本质特征及其构成要件要素在不同程度上发生了变化,基于罪刑关系的对称性与均衡性,显然不宜继续套用传统的刑罚种类,而需要设置与之相适应的刑罚种类以及刑罚体系。

第二,刑罚目的之实现。重构我国刑罚体系并将智能机器人纳入刑罚处罚的范围符合刑罚的目的,也符合人工智能时代发展的需要,且并未违背基本法理。

第三,确认刑事责任主体资格的必然要求。智能机器人是具有刑事责任能力的一种新的犯罪主体,尽管不同于人或法人,但既然已经纳入刑罚处罚的范围,那么,其就必须接受刑罚处罚。

第四,从刑法学理的角度看,智能机器人所适用的刑罚体系在一定程度上要有别于现有的自然人和单位主体。

2.立法完善的未来建言

人工智能技术的快速发展催生了新型犯罪形态,传统以自然人为中心的刑罚体系难以有效应对具备自主决策能力的智能体犯罪。未来立法应聚焦人工智能体的技术特性与行为逻辑,构建兼具威慑力、修复性与预防性的专门制裁措施,以实现技术风险控制与法治秩序维护的平衡。以下从技术干预、行为矫正、风险消除、责任衔接、程序保障等维度提出针对人工智能体的立法完善建言,确保制裁措施既符合技术规律又具备法律可操作性。

第一,确立数据删除作为基础性制裁手段,阻断人工智能体犯罪的信息根基。人工智能体的行为高度依赖数据训练与信息处理,删除其存储的违法数据或用于犯罪的关键数据集,能够直接消除其再犯能力。[1]

第二，构建算法修正的强制性技术干预机制，重塑人工智能体的决策逻辑。人工智能体的犯罪行为往往源于算法设计缺陷或逻辑偏差，通过修改其核心代码或植入合规指令，可从源头矫正其危害倾向。[2]

第三，完善功能限制的梯度化适用规则，分类管控人工智能体的行为能力。根据犯罪危害程度与修复可能性，对人工智能体采取差异化的功能限制措施，[3]例如，对于初犯或过失犯罪，可临时限制其部分高风险功能，如禁止智能无人机进入禁飞区域。又如，对于多次违规或存在系统性缺陷的，应永久关闭其核心模块，如禁用面部识别系统的生物特征采集功能。

第四，引入永久销毁的终局性处置程序，彻底消除高危人工智能体的社会威胁。对于设计目的即为实施犯罪（如暗网交易的加密算法）、经多次修正仍无法消除风险或造成重大不可逆损害（如自主武器系统导致大规模伤亡）的人工智能体，立法应允许司法机关启动永久销毁程序。[4]

---

[1] 参见刘宪权：《人工智能时代我国刑罚体系重构的法理基础》，载《法律科学（西北政法大学学报）》2018年第4期。
[2] 参见周蕾：《强人工智能刑事法主体资格的检讨》，载《河南财经政法大学学报》2019年第4期。
[3] 参见骆多、林星成：《人工智能体犯罪主体资格证伪——以刑事责任之实现为视角》，载《学术交流》2020年第1期。
[4] 参见赵书霖：《人工智能刑事责任的功能主义形塑》，载《时代法学》2024年第4期。

第五，创设算力剥夺的适应性惩罚措施，削弱人工智能体的再犯物质基础。算力是人工智能体实施复杂犯罪的核心资源，通过限制其计算资源使用规模与效率，可有效降低其危害能力。立法可规定：对实施经济犯罪（如虚拟货币挖矿程序）或网络攻击（如 DDoS 僵尸网络）的人工智能体，强制降低其 CPU/GPU 使用率、内存分配权限或云计算服务等级。

第六，建立网络隔离的预防性管控体系，遏制人工智能体犯罪的扩散效应。人工智能体的危害性常通过网络交互呈指数级放大，将其从互联网生态中剥离是阻断危害链条的关键。对传播违法信息、操控物联网设备实施群体性破坏、参与跨境协同犯罪等犯罪类型，立法应授权监管部门对三类人工智能体实施网络隔离。

综上所述，针对人工智能体的立法完善需以技术特性为出发点，构建层次分明、衔接紧密的制裁措施体系。[1] 既要充分发挥技术措施的精准治理优势，又要严格防范公权力对技术生态的不当干预，为人工智能健康发展提供制度保障。

3.立法修正思路的探索

设计针对人工智能犯罪的刑事制裁措施及其体系是一项全新的探索，并无现成的经验可循，因而需要根据人工智能技术及其刑事风险的动态进行考量。

---

[1] 参见孙道萃：《人工智能的刑法立法：场域与演绎》，载《数字法治》2023 年第 3 期。

第一，传统刑罚种类的历史扬弃命运。诚然，死刑、有期徒刑或者罚金刑、驱逐出境等传统意义上的生命刑、自由刑、财产刑以及资格刑等刑罚制度，不可能适用于智能犯罪以及智能机器人等犯罪主体。但是，传统刑罚体系与刑罚结构的法学构建思维与逻辑仍有其可借鉴之处。例如，对于智能产品而言，研发者与设计者基于"算法"而制作的电子运行程序，在很大程度上决定了智能产品作为犯罪主体的"行动能力"，也即具有决定刑事责任能力的作用。对其进行不同程度的限制或删除，可以起到类似于"终极剥夺"或"有期限的限制"等制裁效果，与针对人的死刑或有期徒刑措施可谓异曲同工之妙。

第二，需有类型化的思维。在人工智能时代，智能机器人的智能程度不尽相同，智能产品的表现形式不一，研发者、设计者也有差异。在此背景下，为了避免立法的碎片化，应当重视类型化的立法思维，对同类型或相似类型的犯罪主体，设置相适应的刑罚措施，从而建立健全人工智能时代的刑罚体系。

第三，分阶段、分步骤增设新的刑罚措施。人工智能技术是不断发展的，其应用过程中所产生的刑事法律风险也变动不居，但不变的是智能技术的风险问题。因此，在调整刑罚种类与刑罚体系时，应当因地制宜，分阶段、分步骤地进行调整。也即要根据人工智能犯罪的发展趋势、基本规律、主要类型、危害属性等多种因素，立足"刑罚有效性"的目的，不断修正和完善刑罚种类，继而完善刑罚体系，实现可持续的应对效果。

第二节　网络犯罪治理：类型化、平台化与体系化

数字和信息技术在推动经济社会发展的同时，还衍生了相应的违法犯罪行为。网络化的加速推进，各种隐性、显性的违法犯罪行为也随之变化。对此，需要厘清网络犯罪的现状，实证分析其中的运行轨迹，发现网络犯罪的特点，以形成更有层次性、更具针对性的治理策略。因此，本节首先揭示当前网络犯罪的基本样态，从中厘清网络犯罪的现状，继而分析其现状背后所呈现的特征，最后基于网络犯罪的特征，提出针对性的策略，并简要展望塑造未来网络犯罪治理的基本方向。

一、网络犯罪的具体样态

本节的数据分析样本源于小包公法律实证分析平台，所用案例源自中国裁判文书网公布的裁判文书及其他权威机构的裁判文书。按照如下维度筛选有效样本：在"本院认为"段落筛选关键词："利用网络""利用互联网""利用计算机""利用技术""网络犯罪""通过技术手段""案件类型：刑事""文书性质：判决书""共同犯罪：单人、单罪""文书类型：裁判文书"。通过上述维

度,共筛选案例数为12096份[1]。对有效文书按照如下维度进行分析,以厘清网络犯罪的主要情况。

(一)犯罪手段隐蔽化、智能化

以帮助信息网络犯罪活动罪[2]案件为例,对被告人的犯罪行为统计,可以发现,被告人的犯罪手段呈现隐蔽化、智能化等特点。统计显示,被告人触犯了帮助信息网络犯罪活动罪的案件共计4214件。其中,有3541个案件是注明了被告人具体犯罪行为的,剩下的673个案件中并未明确被告人的犯罪行为。在3541个案件中被告人的犯罪情况具体如下:第一,被告人为网络犯罪分子提供支付结算帮助的案件共计2906件,占本研究点样本总量的82.07%;第二,被告人帮助网络犯罪分子开办银行卡的案件共计485件,占本研究点样本总量的13.69%;第三,被告人为犯罪分子提供通信传输帮助的案件共计92件,占本研究点样本总量的2.6%;第四,被告人为网络犯罪分子提供广告推广帮助的案件共计41件,占本研究点样本总量的1.16%;第五,被告人为网络犯罪分子提供互联网接入帮助的案件共计10件,占本研究

---

[1] 本报告统计单位默认一篇裁判文书代表一个案件。
[2] 帮助信息网络犯罪活动罪是《刑法》第287条之二中的规定,即"明知他人利用信息网络实施犯罪,为其犯罪提供互联网接入、服务器托管、网络存储、通讯传输等技术支持,或者提供广告推广、支付结算等帮助,情节严重的,处三年以下有期徒刑或者拘役,并处或者单处罚金。单位犯前款罪的,对单位判处罚金,并对其直接负责的主管人员和其他直接责任人员,依照第一款的规定处罚。有前两款行为,同时构成其他犯罪的,依照处罚较重的规定定罪处罚。"

点样本总量的 0.28%；第六，被告人为网络犯罪分子提供服务器托管帮助的案件共计 7 件，占本研究点样本总量的 0.2%。（见图 3-1）

犯罪行为	案件数/件
为网络犯罪分子提供服务器托管帮助	7
为网络犯罪分子提供互联网接入帮助	10
为网络犯罪分子提供广告推广帮助	41
为犯罪分子提供通信传输帮助	92
帮助网络犯罪分子开办银行卡	485
为网络犯罪分子提供支付结算帮助	2906

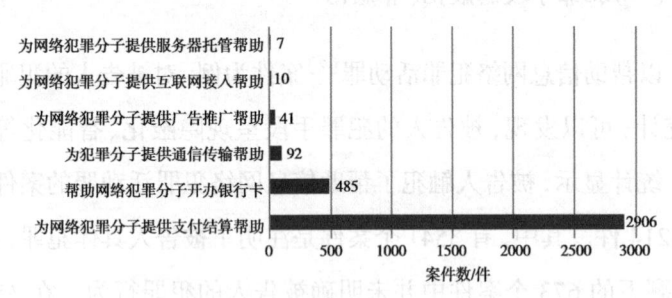

图 3-1　帮助信息网络犯罪活动案件中被告人的犯罪行为统计

根据上述材料数据，网络犯罪手段呈现以下隐蔽化、智能化趋势特征：第一，支付工具匿名化。支付结算类案件占比 82.07% 高居首位，表明犯罪分子大量使用第三方支付平台、虚拟货币等非接触式结算工具。这类交易通过多层账户拆分、跨境资金流转等技术手段，形成资金追踪屏障。第二，身份伪装体系化。13.69% 的银行卡开办案件显示，犯罪组织已形成从收购身份证件、控制"卡农"到批量开卡的完整产业链。通过冒用他人身份信息、虚假注册公司等方式规避实名监管。第三，技术支持虚拟化。服务器托管（0.2%）、互联网接入（0.28%）等物理空间依赖型犯罪占比极低，反映出犯罪基础设施向云端服务、境外服务器租赁等虚拟化方向转移。第四，技术工具专业化。2.6% 的通信传输案件涉及 VPN 隧道、加密通信软件等技术应用，犯罪团伙利用动态 IP 跳转、端到端加密等技术突破网络监控。第五，犯罪分工模块化。广告推广（1.16%）案件显示，黑产逐渐形成 SEO 优化、暗网推广、引流话术设计的专业团队，通过大数据分析精准锁定潜在受害者。

(二)犯罪场域平台化

除网络犯罪的单人单罪名之外，其中还存在很多的"多重犯罪行为+犯罪对象"的刑事罪名，如"制造、复制、出版、贩卖、传播淫秽物品牟利罪""伪造、变造、买卖国家机关公文、证件、印章罪""生产、销售假药罪"，等等。这类罪名所涉及的网络犯罪行为大多是"买卖行为"（买卖、销售、贩卖等行为）。有买卖行为，则必然有提供"买卖双方"交流、交易的平台，笔者以此入手，以 7642 个明确标注了涉案平台的刑事单人单罪案件为样本，对各平台上发生的网络犯罪案件进行统计研究。

从数据来看，涉案的微信平台上发生的网络犯罪案件共计 4149 起；QQ 平台共计 2148 起；淘宝共计 492 起；58 同城共计 115 起；闲鱼共计 97 起；花呗/借呗共计 88 起；抖音共计 88 起；陌陌共计 87 起；微博共计 75 起；京东共计 71 起；快手共计 68 起；探探共计 25 起；转转共计 19 起；百合网共计 15 起；世纪佳缘共计 14 起；拼多多共计 10 起；唯品会共计 9 起；虎牙共计 6 起；各大论坛共计 5 起；珍爱网共计 3 起；西瓜视频共计 2 起；水滴筹共计 2 起；推特共计 2 起；Soul 共计 2 起；微视、哔站（哔哩哔哩/Bilibili）、度小满、知乎、得物各 1 起。

在这些犯罪案件的涉案平台中，第一是微信、QQ、微博等社交平台；第二是淘宝、京东、闲鱼、唯品会等购物平台；第三是抖音、快手、西瓜视频等短视频娱乐平台；第四则是陌陌、探探、百合网、珍爱网、世纪佳缘等婚恋、交友平台。其中，在购物平台中，拼多多和唯品会这两个平台上的网络犯罪案件数量相对少于淘宝、闲鱼的数据。

(三)网络犯罪的主要类型及其犯罪手段

其中，在利用互联网提供的便利行骗的电信诈骗犯罪行为中，被告人的犯罪行为庞杂，犯罪手段层出不穷，案件数量较多，共有3298个案件。对这3298个网络电信诈骗案件的被告人的诈骗手段进行统计，结果显示：(1)被告人虚构交易行骗的案件共计932件，占比为28.26%；(2)被告人假借恋爱、交友行骗的案件共计346件，占比为10.49%；(3)被告人发布虚假招工信息行骗的案件共计161件，占比为4.88%；(4)被告人借中奖行骗的案件共计153件，占比为4.64%；(5)被告人借投资、理财行骗的案件共计140件，占比为4.25%；(6)被告人借游戏行骗的案件共计127件，占比为3.85%；(7)被告人以刷单为名行骗的案件共计116件，占比为3.52%；(8)被告人以套现为名行骗的案件共计109件，占比为3.31%；(9)被告人以借贷为名行骗的案件共计108件，占比为3.27%；(10)被告人发布虚假招嫖信息行骗(以卖淫嫖娼为由头进行诈骗)的案件共计96件，占比为2.91%；(11)被告人以办信用卡为名行骗的案件共计90件,占比为2.73%;(12)被告人冒充被害人亲友行骗的案件共计62件,占比为1.88%;(13)被告人发布虚假办证(主要包括驾驶证、教师证、会计证等)信息行骗的案件共计62件,占比为1.88%;(14)被告人以提升借贷额度为名行骗的案件共计29件,占比为0.88%;(15)被告人以代购为名行骗的案件共计24件,占比为0.73%;(16)被告人以领养宠物为名进行诈骗的案件共计8件,占比为0.24%;(17)被告人发布虚假的"重金求子"信息进行诈骗的案件共计6件,占比为0.18%;(18)被告人冒充明星或其助理等行骗的案件共计3件,占比为0.09%;(19)被告人通过互联网以其他手段行骗的案件共计726件,占比为22.01%。(见图3-2)。

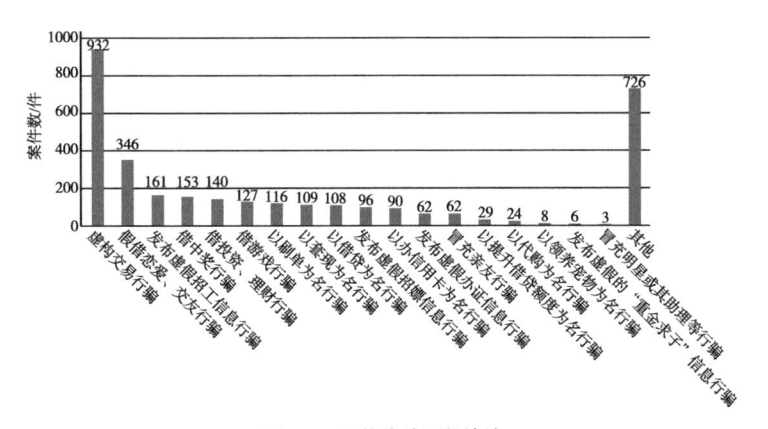

图 3-2 网络诈骗手段统计

从上述数据可以看出电信诈骗犯罪手段更新较快的特点主要体现在以下几个方面:(1)手段高度多样化。诈骗手段被细分为19类,覆盖社交、金融、交易、就业、娱乐等多个领域,如虚构交易(28.26%)、假借恋爱交友(10.49%)、虚假招工(4.88%)、游戏诈骗(3.85%)等。这种广泛覆盖的类别表明犯罪者不断尝试新的切入点,利用社会热点和新兴需求设计骗局。"其他手段"占比22.01%,说明未被单独分类的新手段仍在快速涌现,犯罪工具库持续扩张。(2)传统与新兴手段并存。传统手段仍然存在,如虚构交易(最高占比)、冒充亲友(1.88%)等长期存在的诈骗方式仍占一定比例。新兴手段崛起:虚假招嫖(2.91%)、刷单(3.52%)、套现(3.31%)、游戏诈骗(3.85%)等均依托互联网新场景(如电商、社交平台、游戏充值)进行技术迭代,反映出犯罪者紧跟技术和社会趋势。(3)细分领域快速迭代。在金融领域,诈骗手段从传统借贷(3.27%)扩展到信用卡办理(2.73%)、提升借贷额度(0.88%)、投资理财(4.25%)等细分场景,利用金融工具复杂化趋势。在社交领域,从简单交友诈骗(10.49%)衍生出"重金求子"(0.18%)、冒充明星(0.09%)、领养宠物(0.24%)等小众但新颖的骗局,体现对用户心理的精准挖掘。(4)低占比手段的"试错性"。虽然某些手段案件量极少(如冒充明星仅3件、代购诈骗24件),但其存在表明犯罪者不断测试新模式的试错逻辑。即使成功率低,仍会通过快速淘汰低效手段、保留高效手段实现动态更新。(5)技术渗透与社会热点响应。以"刷单"(3.52%)、"套现"(3.31%)等依托电商平台规则的诈骗,直接对应网购普及和平台运营漏洞。虚假招工(4.88%)、虚假办证(1.88%)等利用就业压力和资质需求痛点,反映出犯罪者对经济环境的敏感度。(6)长尾效应显著。前10类手段合计占比约65%,剩余9类(含"其他手段")占35%,说明犯罪手段呈现明显的长尾分布。这种分散性表明单一手段难以主导,犯罪者需持续创新以规避打击。综上所述,上述数据揭示电信诈骗已从单一化、固定化转向动态化、场景化、精准化的犯罪模式。犯罪者通过快速模仿社会热点(如宠物经济、明星粉丝文化)、利用技术漏洞(如支付工具、游戏交易)、细分用户群体(如求职者、投资者、单身人群)不断更新手段,形成"主流手段+长尾创新"的混合生态。这种快速迭代能力使防范难度持续加大,需通过动态监测和技术反制应对。

二、分析与讨论

通过对前网络犯罪(单人单罪名)的实证分析,可以发现,其呈现网络犯罪的平台化;犯罪手段的多样化、隐蔽化、技术化;犯罪的关联化等特征。

第一,网络犯罪的平台化,使犯罪场域发生变化,治理模式也应作相应更改。笔者从裁判文书中的实证分析发现,网络犯罪涉及的平台包括微信、QQ平台、淘宝、世纪佳缘等社交、购物、娱乐平台,涵盖范围广泛,渗透到社会生活的方方面面。这种全方位的渗透,背后的机理在于数字平台的崛起,将倒逼国家与社会治理的在线化。平台治理不仅是运用信息技术的治理,还应嵌入规范内容。例如,将法律规范转换为计算机自然语言,嵌入治理规则之中,形成符合平台治理的制度安排。

第二,网络犯罪手段多样化、隐蔽化、技术化。实证分析发现,网络诈骗的手段包括虚构交易、婚恋交友、投资理财、刷单套现等;网络赌博的手段包括创建群聊、开通直播、设立网站等。对此,应形成稳健的网络犯罪解决框架。这种稳健的网络犯罪解决框架,需要制定具备可操作性的网络犯罪分类法。通过对犯罪手段的类型分析,继而发现网络犯罪的方式,以便管理和监控的类型化。

第三,网络犯罪的关联化特征明显,加大了网络犯罪治理的难度。例如,帮助信息网络犯罪活动呈现高发态势,并成为网络诈骗、网络盗窃、网络赌博等犯罪的关联犯罪。可以说,帮助信息网络犯罪活动成为违法犯罪者的另一种工具。这主要是因为,网络犯罪被认为是一种低风险、高收益的替代传统犯罪类型的方法。而帮助行为的隐蔽化推动了网络犯罪的高发趋势。无论网络犯罪者的动机、背景、职业等情况如何,他们的活动影响都可能对社会、个体等造成严重破坏。另外,网络犯罪的群体分布广泛,犯罪的门槛较低。也就是说,犯罪群体的学历、职业等多元化并没有特定的范围,成为网络犯罪关联化的一个重要诱因。

三、网络犯罪治理模型展望

互联网在社会、经济生活等各领域发挥着越来越重要的作用，成为当今信息社会的支柱。互联网的演变带来诸多好处的同时，也带来了网络攻击、网络犯罪等威胁。对此，需要根据网络犯罪的特征，形成类型化、平台化、体系化的治理模型。第一，就类型化治理而言，既要厘清犯罪行为方式、罪名等方面的类型，也要对被害人进行类型化治理。第二，就平台治理而言，网络犯罪的平台特征需要及时更改治理策略，由传统的线下治理转向基于平台的治理。这就需要强化平台自治能力、优化平台外部治理机制以及形塑共同治理格局。第三，就体系化治理而言，应形成事前、事中、事后的体系化治理模式。事前治理应当包括增加网络犯罪的举报机制，形成预防性的举报措施；破解"犯罪市场"，削弱网络犯罪的营利模式，并提高网络犯罪分子进入"犯罪市场"的门槛。事中治理应包括及时制定法律规范、修订法律条款，在回应网络犯罪多元变化的同时，形成综合性、前瞻性的专门网络犯罪条文。事后治理包括对网络犯罪加大惩治力度，充分激活行政法、民法等前置法律规范，实现法律治理的一体化。

综上所述，未来的研究应形成预防网络犯罪的生态系统，从国家层面、社会治理、个人防护等方面形成全方位的治理策略。

第三节　人工智能时代恐怖主义犯罪行为的刑法规制

在刑法领域,对可能出现的人工智能恐怖主义犯罪行为尚付阙如,然而,如病毒般蔓延的恐怖主义犯罪活动,其未来模式可能不会排除下列情形:恐怖分子或利用人工智能手段实施爆炸、暗杀、劫持汽车飞机等传统恐怖主义犯罪,或以网络为平台实施煽动、传播类等恐怖主义活动,或强人工智能体(智能机器人)在具备辨认和控制能力的情况下,实施恐怖主义活动等。凡此种种,表明人工智能恐怖主义犯罪活动的预防成为必要,须在厘清人工智能恐怖主义本质属性的基础上,梳理人工智能恐怖主义犯罪行为方式,全面厘清人工智能恐怖主义行为的刑法规制路径。

一、人工智能时代恐怖主义行为的本质属性

人工智能时代的到来,使恐怖主义犯罪产生了新的犯罪主体,也为犯罪分子实施恐怖主义犯罪提供了新的技术手段并带来新的风险,传统恐怖主义犯罪面临新的问题,需要重新思考:人工智能恐怖主义犯罪行为有必要在根据技术的分类冠以"强弱之名"的基础上,正确认识人工智能恐怖主义行为的本质属性,进而为刑法规制人工智能恐怖主义犯罪活动奠定基础。

（一）人工智能强弱分类之必要性

人工智能产品划分为弱人工智能与强人工智能。弱人工智能是指不具备辨认和控制能力，但可以提高生产力和生产效率的各种应用软件（App）、普通机器人等。当前，学界一致认为弱人工智能不具备刑事责任主体地位，弱人工智能只是实现犯罪分子犯罪意图的犯罪工具。而强人工智能是指具备辨认和控制能力，能够推理和解决问题的智能机器，其具有类似于人类"大脑"的电子神经系统。强人工智能又有类人与非类人的人工智能之分，前者是机器与人的思维具有相似性，即像人类一样思考和推理，后者则是机器产生了和人完全不一样的知觉和意识，使用和人完全不一样的推理方式，但两者都是智能机器人。

基于刑事责任主体基本理论与立场展开人工智能强弱之分的探讨在人工智能恐怖主义犯罪领域更具必要性。

首先，弱人工智能作为实施恐怖主义犯罪活动的犯罪工具，仍属于工具范畴。恐怖分子利用弱人工智能实施恐怖主义犯罪与利用网络实施恐怖主义活动相类似，甚至部分重叠，此时，弱人工智能仍是被利用的犯罪工具和手段。但由于其技术性更强，更新了恐怖主义犯罪的手段，其造成的社会危害性可能更严重。

其次，强人工智能刑事责任主体地位的确认将更新犯罪主体，有利于未来开展针对强人工智能恐怖主义的反恐工作。其一，强人工智能具备认识因素和辨认因素目前已经初具雏形。例如，自动（无人）驾驶汽车愈发成熟等事例（人工智能运用于电子商务、医疗、教育等方面的事例较多，不一而足）表明强人工智能的发展使其具备成为自主性主体的可能。其二，强人工智能与人类的"生存、生活方式"应当有所区别。现有法律框架无法涵括与解决强人工智能发展中存在的问题。其三，辨认和控制能力是刑事责任主体的核心要件，强人工智能所具备的深度学习能力能够自我进化，使其具备辨识和控制能力。其四，（强）人工智能取得相当程度的认知能力、深度学习能力时，可以与人类一般与外界取得联系、获取数据资源，并对数据资源加以分析、利用，最后作出决定并行动。

（二）人工智能恐怖主义犯罪未脱离恐怖主义特质

恐怖主义（包括网络恐怖主义）的本质是：恐怖分子为了实现特定目的或者意图（这种意图更多的是为了寻求精神上的满足与刺激），通过暴力或者非暴力手段，制造恐怖氛围、引起社会恐慌，影响目标公众或政府行动，使相关人员人身安全、财产遭受重大损失，其核心特征在于制造"恐怖""恐慌""破坏性"。

人工智能恐怖主义犯罪是恐怖主义与人工智能相结合的新型恐怖主义犯罪形式，是指团体或者个人利用人工智能手段或者强人工智能体（智能机器人）以现实社会或者网络世界为攻击目标，意图造成人员伤亡、网络受损，进而威胁国家安全与社会稳定，亦可能有毁灭人类倾向的严重犯罪行为。人工智能恐怖主义犯罪的行为方式可能有暴力和非暴力两种模式,其本质应是"恐怖""恐慌""破坏性"。因为,人工智能恐怖主义行为造成的社会危害性可能更严重,人工智能恐怖主义除了利用弱人工智能的犯罪手段更新,还有强人工智能的犯罪主体革新,其所实施的恐怖主义活动、达到的恐怖主义目的,增添了"恐怖""恐慌"的危害程度。

二、人工智能时代恐怖主义行为的样态

人工智能恐怖主义以弱人工智能与强人工智能分类为标准,可以将其划分为利用人工智能实施恐怖主义、强人工智能体(智能机器人)实施恐怖主义犯罪以及人"机"共同实施恐怖主义犯罪几种情形。利用人工智能实施恐怖主义犯罪既包括传统的暗杀、绑架、劫持飞机等恐怖主义犯罪行为,也包括利用人工智能实施网络恐怖主义犯罪活动。

(一)利用人工智能技术实施恐怖主义犯罪活动

人工智能的广泛应用,让恐怖分子有可乘之机,(弱)人工智能可以增强恐怖分子的感知和推理能力,让新型恐怖主义犯罪活动更加低成本、低伤亡、高效率、难以被捕等。具体而言,利用人工智能实施恐怖主义犯罪活动可以按照现实与虚拟社会的不同,分为利用人工智能实施传统恐怖主义活动和利用人工智能实施网络恐怖主义犯罪。

1. 利用人工智能实施传统恐怖主义犯罪

恐怖分子极有可能运用人工智能产品的先进性实施恐怖活动,其利用人工智能技术搜集、分析情报等,并以政治人物、平民或公共基础设施等为攻击目标,实施刺杀、爆炸、绑架、投放危险物质等恐怖行为,引起社会恐慌,实现其意识形态或特定目的,对国家安定、社会稳定以及个人安全造成极大威胁。主要表现方式有以下几种:第一,修改程序设置或以植入芯片的方式改变飞机航线,进而劫持飞机、绑架人质。将飞行器编制为轰炸特定目标的飞行炸弹,在公园、广场、商业大楼、地铁、机场、车站等人员密集场所投掷,造成巨大人员伤亡、财产损失;第二,通过编写程序将人工智能产品改造成"智能刺客",通过人物图像识别、信息识别与人物、攻击目标锁定等功能,实施精准刺杀、打击等恐怖活动;第三,设计人类可控的普通机器人,在程序设置中植入恐怖袭击信息,使机器人按照程序设计的内容实施暴恐行为,实现恐怖分子预设的目标。上述行为方式一方面降低了恐怖分子实施传统暴力恐怖主义行为的伤亡率,另一方面对社会稳定造成了极大的威胁。

2. 利用人工智能实施网络恐怖主义犯罪

语音、图像、人脸识别,计算机视觉以及自然语言处理等人工智能技术的发展,使恐怖分子可以不受时空限制,利用人工智能技术实施网络恐怖主义犯罪活动。利用人工智能实施网络恐怖主义与网络恐怖主义最大的区别在于犯罪手段的差异,当然,其中仍然会有犯罪手段的交叉,但具体而言,利用人工智能实施网络恐怖主义犯罪主要有以下几类:网络恐怖攻击;网上收集、传播恐怖活动信息;网上组织恐怖主义活动、筹集恐怖活动资金等。

第一,利用人工智能技术进行网络恐怖攻击。人工智能时代的网络恐怖攻击主要表现为:首先,攻击计算机信息系统和数据,导致系统崩溃、数据大规模流失,这既包括交通、金融、能源以及政府机关等重点领域的系统和数据资源,也包括普通领域的计算机系统及其数据资源。恐怖分子利用人工智能技术进行破坏性攻击,致使国家网络安全系统崩溃,信息数据大规模泄露,引起社会恐慌。其次,将网络恐怖攻击延伸至智能设备终端,恐怖分子将恐怖攻击对准手机用户,致手机系统瘫痪或者数据丢失,恐怖分子甚至可能运用一个手机软件即可达到犯罪意图。最后,人工智能的精密化难免会变成恶意软件被恐怖分子利用,形成"智能病毒"绑架工业设备、大型计算机信息系统设备等网络基础设施,进而要挟政府、制造恐慌,加上"智能病毒"通过深度学习,产生自我组织能力、不断自我"重生",形成恐怖"连锁效应",恐怖程度更高。

第二,利用人工智能传播恐怖信息。互联网平台成为恐怖分子传播恐怖主义思想的新阵地,人工智能技术则加速了传播,扩大范围与影响。主要有:首先,恐怖分子利用人工智能煽动实施恐怖主义犯罪,宣扬恐怖主义、极端主义思想。人工智能时代,恐怖分子可以通过大数据、运算力和算法等技术,选取某个国家或者地区的搜索引擎的智能推荐数据等,分析该国家或者地区人员浏览网页内容的情况,进行数据整合,对某地区的民众实施"精确"的恐怖主义思想宣传,煽动其实施恐怖主义犯罪,其危害程度不亚于网络时代的宣扬类恐怖主义犯罪。其次,恐怖分子利用人工智能编造、传播虚假恐怖信息,通过对原有视频的剪接、声音与图像的处理,制造虚假视频予以传播,或者通过语音识别编造虚假讲话内容,以假乱真的音、视频可以制造所谓的"深度假象",造成的恐怖氛围足以引起社会恐慌。

第三,利用人工智能收集情报资源,募集资金。情报与资金是恐怖活动人员实施恐怖主义犯罪的"助推剂",而利用人工智能收集情报、募集资金可能成为未来恐怖主义行动的重要途径。主要表现为:首先,收集数据与情报资源,对政府、国防、军事文件等重要数据进行收集和比对分析,做出预测,事先知晓该地区的军事部署、安全措施等,进而实施恐怖主义犯罪活动。这种收集数据预测方式若被恐怖分子利用,将成为其实施恐怖主义犯罪活动之"利器"。其次,恐怖分子借用海量的数据资源,盗取公民个人信息,通过诈骗、盗窃等方式进行恐怖主义活动资金募集,为恐怖主义活动带来便利,而且方式新颖、隐蔽,加大预防与惩治难度。

(二)强人工智能体(智能机器人)实施恐怖主义犯罪活动

前文述及,人工智能有强弱之分,弱人工智能产品在设计程序和编制范围内实施恐怖活动犯罪,人工智能并无自主性,只能作为犯罪工具存在。但是强人工智能体作为刑事责任主体之一,当其发展到一定程度,具备辨认和控制能力时,强人工智能可能摆脱人类控制,其中的"不良反应"之一可能是实施恐怖主义犯罪活动。基于目前机器深度学习的发展程度,智能机器人可能实施恐怖主义犯罪的样态,可以想见的主要有以下几种情形。

第一,智能机器人可以学习恐怖主义犯罪方法。智能机器人收集数据后再利用语音处理、图像处理、精准识别、自然语言处理等技术对数据进行对比分析,学习恐怖主义的犯罪方法。

第二,智能机器人可以传播恐怖主义思想,煽动实施恐怖主义犯罪活动。智能机器人的"思想"具有再生性和可传递性,只要连接网络,其"思想"便能够在机器人群体中传播,形成恐怖机器人群体。这种智能机器人可能成为疯狂扩散的新"病毒"。最近,人工智能科学家致力于研究记忆在大脑中编码的方式——尤其是那些指导语言和社交技能发展的记忆,这些记忆在模仿学习任何事情时都能起到指导作用,如学习语言、学钢琴等。他们的研究成果登上 *Science*,成功向鸟类的大脑植入记忆,让鸟类在无教导的情况下学会新歌声。[1]这种迹象表明,智能机器人通过编码的方式传播恐怖主义思想并非毫无根据。

---

[1] See Wenchan Zhao, Francisco Garcia-Oscos, Daniel Dinh, Todd F., *Roberts Inception of Memories that Guide Vocal Learning in the Songbird*, Science 2019: Vol.366, Issue 6461, p.83-89. 论文网址链接:https://science.sciencemag.org/content/366/6461/83/tab-pdf。

第三，智能机器人可能制造生化武器，威胁人类生存等方面的安全。Segler 团队在最新的研究中，利用新 AI 工具以深度学习神经网络的方式学习所有的单步有机化学反应，经过多步骤合成，直到最终得到可用的试剂，这一过程仅用 5.4 秒就完成。[1]这一方式假若被智能机器人利用，通过深度神经网络，学习算法等，寻找化学合成中的最佳方式，制造生化武器，可能威胁人类生存。

第四，智能机器人变成"智能杀手"。如果自主武器选定目标无须人类决策，它将"决定权"交给机器，让机器决定是否对人类进行毁灭性打击，其危险程度极高，可能造成大量平民死亡和财产巨大损失，或者智能机器人通过人脸识别，甚至通过语音识别某个人的声音对个人实施精准打击、定点暗杀，完成恐怖袭击任务。人们目前无法阻止 AI 能力进入攻击性武器。智能机器人发动恐怖袭击的目的可能是为了威胁人类的生存，而并非为了政治、宗教等意识形态目的，其破坏性及制造的恐怖氛围更浓烈。

（三）人"机"共同实施恐怖主义犯罪活动

在未来，人类与智能机器人之间的交互能力可能随着人工智能的发展越来越强，智能机器人可能与人类建立深厚的感情纽带，电影中的机器人和人类建立感情的情节也许会实现，在智能机器人发展成为具有自主性的"类人"或者发展具有与人类不一

---

[1] See Segler M H S, Preuss M, Waller M, *P.Planning chemical syntheses with deep neural networks and symbolic AI*, Nature, 2018, 555(7698): 604.

样意识的"非类人",自然人与机器人共同实施恐怖犯罪活动的情况不容忽视。

一是智能机器人与人类共享数据资源,共同实施恐怖主义犯罪。语音交互、机器视觉、传感器智能三种 AI 感知模态可以让机器人像我们人类一样具有"五官",能够通过深度学习理解更多的信号,从而具备"自主性"。智能机器人与人类利用数据预测恐怖活动行进方式与阻碍点,进而实施恐怖主义犯罪活动也许并不遥远。

二是为实施恐怖活动"演习"。例如。用写好的剧本生成视频,对恐怖主义活动进行预演,并设计逃跑路线以逃避抓捕,提高恐怖主义犯罪的"成功率"。

三是人"机"恐怖主义犯罪存在片面共犯的情形。一方面,智能机器人可能通过网络吸收恐怖主义、极端主义思想,学习恐怖主义犯罪手段,并实施恐怖主义犯罪,但自然人在这一过程中提供恐怖主义犯罪的素材,而智能机器人并不知晓;另一方面,当自然人实施恐怖主义犯罪时,智能机器人进行远程监控,提供预测、逃跑路线等。

三、人工智能时代恐怖主义行为的刑法规制路径

人工智能的全面运用为恐怖主义犯罪提供新的手段,产生新的犯罪主体,新的恐怖主义形势与以往的恐怖主义呈现不同的样

态。对人工智能恐怖主义应当坚持何种立场？对现有恐怖主义犯罪体系如何完善？以及是否需要设置新的罪名回应新型恐怖主义？亟待刑法解答。

(一)完善利用人工智能实施恐怖主义犯罪的刑法规定

最高人民法院、最高人民检察院、公安部、司法部下发的《关于办理恐怖活动和极端主义犯罪案件适用法律若干问题的意见》(以下简称《恐怖主义案件法律意见》)将网络恐怖主义行为纳入司法解释，将其解释为准备、帮助等行为，一定程度上弥补了网络恐怖主义犯罪无法以恐怖主义相关罪名定罪的缺陷，但该司法解释依然存在滞后性等缺憾。加上我国法律对恐怖主义的规定呈现碎片化、罪名设置缺乏系统性等问题，面对人工智能时代的恐怖主义，有必要对相关罪名进行调整，设立新的罪名。

首先，贯彻敌人刑法观，适时考虑在危害公共安全罪中设立专门一节：实施恐怖主义活动罪。第一，设立"实施恐怖主义罪"，将具有恐怖主义性质的故意杀人、故意伤害、投放危险物质、绑架、抢劫、爆炸等严重暴力犯罪按实施恐怖主义罪定罪处罚，将其与故意杀人等传统犯罪区分，且无须数罪并罚，以实质性地体现恐怖主义犯罪的本质。第二，将为了恐怖主义犯罪而扰乱信息管理秩序、拒不履行信息网络安全等行为纳入"实施恐怖主义活动罪"一节中。第三，在"实施恐怖主义活动罪"一节中设立"网络恐怖攻击罪"，以区分一般的计算机犯罪。第四，将利用人工智能手段实施的恐怖主义犯罪纳入"实施恐怖主义活动罪"一节中，增设"利用人工智能实施暴力恐怖主义罪"，将利用人工智能实施的杀人、放火、投放危险物质等行为以此罪进行规制。

其次，将利用人工智能技术收集情报以及募集资金的行为纳入司法解释。《恐怖主义案件法律意见》["准确认定犯罪"部分第(三)(四)]将利用网站、网页等传授犯罪方法，联络人员，播放或者发送恐怖主义、极端主义图书、音像资料等行为解释为"准备实施恐怖活动""宣扬恐怖主义、极端主义、煽动实施恐怖活动"，但未将利用人工智能攻击网络、搜集情报、募集资金等与恐怖主义活动有关的行为纳入其中。为了避免此类行为无法可依，或按其他罪名处理而不能罚当其罪，宜将"准备实施恐怖活动罪""宣扬恐怖主义、极端主义、煽动实施恐怖活动罪"等罪名进一步细化，增加规定利用人工智能技术实施的与恐怖活动有关的行为。

最后，完善编造、故意传播虚假恐怖信息罪的规定，并将其置于"实施恐怖主义活动罪"一节。人工智能时代，由于编造恐怖主义信息的简单、便捷，这一技术可能被恐怖分子利用。因而，《刑法》第291条之一的编造、故意传播虚假恐怖信息罪中的罪状宜扩充为"为引起社会恐慌，利用人工智能技术编造爆炸威胁、生化威胁、放射威胁、散播恐怖谣言；或者将真实的恐怖事件通过人工智能技术予以传播，制造社会混乱，引发社会恐慌，严重扰乱社会秩序的"。这就将利用人工智能技术宣扬、传播真实与虚假的恐怖主义活动进行规制，避免出现恐怖分子利用人工智能技术手段实施多样化犯罪,而刑法规定出现真空。

(二)智能机器人单独实施恐怖主义犯罪或人"机"共同犯罪的规制方案

强人工智能体(智能机器人)实施恐怖主义犯罪并非危言耸听,对这一新主体实施的恐怖主义犯罪活动可以从刑法总则与刑法分则两方面制定应对措施。在刑法总则中将智能机器人纳入刑事责任主体范围,在刑法分则中将智能机器人的行为以"智能机器人实施恐怖主义罪"定罪处罚。

首先,刑法总则赋予智能机器人刑事责任主体地位。在未来,自我进化是智能机器人发展的方向,人工智能将更加"智能化"(autonomous),技术的发展使智能机器人更加具备成为刑事责任的主体之一的条件。智能机器人通过采集数据决定采取何种步骤(行为),在设计和编程范围内可以实现辨认和控制能力。此外,具备辨认和控制能力的智能机器人还可以通过后天培养"道德能力"。随着人工智能的广泛应用和智能机器人自主性的提升,智能机器人可能成为具有道德属性的主体,可以预见的是,智能机器人通过深度学习,可以实现自身的"道德评价",并"自我反思",进而逐步完善自身的"道德"。因此,在刑法总则中赋予智能机器人刑事责任能力有其技术与伦理根据。

其次,在刑法分则中,增设"智能机器人实施恐怖主义罪",设置于"实施恐怖主义活动罪"一节。无论智能机器人传播恐怖主义思想、智能机器人制造生化武器,还是变成智能杀手等实施恐怖主义犯罪活动都无法以既有刑法处罚。针对智能机器人的此类行为,可以修改应用程序强制智能机器人"失忆"和摧毁机器人作为刑罚方式。修改应用程序强制"失忆",即通过重新设定程序,改变其深度学习的范围,消除其学习恐怖主义犯罪方法、传播恐怖主义犯罪思想等方面的能力,干涉、逐步消除其达到目标(犯罪)的能力。所谓摧毁机器人,即使修改程序亦无法使之被纳入正常社会轨道,此时的智能机器人已然成为敌人,应从物理层面销毁,防止其自我"组织"、自我"重生"。两种刑罚方式也是惩罚力度的逐步强化,先以"市民刑法"对待,进而以"敌人刑法"销毁。

最后,规制人"机"共同犯罪,可以"实施恐怖主义罪""利用人工智能实施暴力恐怖主义罪"定罪处刑。需要注意的是,现在共同犯罪理论并不一定适用于人"机"共同犯罪,有必要对共同犯罪理论予以更新。其一,对于人"机"共同故意犯罪的,当然需要按照共同犯罪处罚;其二,信息时代的虚拟性已经使共同犯罪的"共同故意"出现明显异化,对于人"机"过失共同犯罪的,需要引入"片面共犯"理论和"共同过失正犯理论"。就片面正犯而言,将它置于恐怖主义犯罪的所有形态当中,就不需要判断人类之间、人类与智能机器人之间以及智能机器人之间存在意思联络。即使他们之间的联系松散,或者意思联络难以证明,也可以基于片面共犯理论认定共同犯罪。也就是说,在人类或智能机人共同实施危害行为并具有实施该共同行为的故意,就可以认定为共同犯罪。

当智能机器人通过"自我"深度学习时,摄入了恐怖主义思想,而其设计者与使用者并没有尽到注意义务,也即智能机器人已经创设了风险,而这种风险是由于"过失"所致,此时便会有与未尽注意义务者成立共同过失正犯的可能。而且,当智能机器人所实施的恐怖犯罪活动导致结果加重、恶化,比如煽动实施恐怖活动演变为实施恐怖主义犯罪,在结果加重犯的场合,实质上便是一种过失共犯,此时并没有扩张处罚的范围,是值得肯定的。

四、结语

人工智能发展对法律乃至社会的重大冲击,需要事先预警。笔者对人工智能恐怖主义之预判与研究正是本着"事先预警原则",在AI发展的客观事实基础上,做出大胆假设,对将未来可能出现的情形加以论证,避免有人工智能恐怖主义发生时,出现无"人"负责的"法律责任真空"状态,以期为人工智能法制与法治的发展谋求出路。若以鸵鸟心态、故步自封,无视人工智能发展中的种种情事,则无益于科技与法律、社会发展的良性互动。

第四章

人工智能时代下的营商环境法治均等化与可及化

在人工智能技术深度变革社会治理的时代背景下,"技术赋能法治"与"法治规制技术"构成双向张力。一方面,智能技术驱动平台经济扩张与治理模式创新,传统法治框架在效率提升、风险预判、动态适应等方面呈现滞后性,如何通过智能合规机制重构平台治理的规则体系与技术路径?另一方面,技术工具的应用可能加剧法治资源分配不均、算法权力隐性扩张等结构性失衡,如何构建包容多元主体利益、平衡技术理性与人文价值的法治生态系统?因此,技术赋能下法治均等化与可及化的实现机理需担负双重使命:既破解传统治理中合规成本高企、规则执行僵化等困境,又防范技术异化引发的权利侵蚀与数字鸿沟。通过技术工具的场景化嵌入、法治生态的动态化平衡与风险规制的精细化设计,以期实现法治资源的均等配置与法治服务的普惠可及,为人工智能时代的营商环境优化提供系统性解决方案。

第一节 智能合规在数字经济下平台治理的应用

一、定义与解释

（一）数字经济的定义

目前，业界和学界对数字经济的定义并非完全一致，但是差异不大，笔者从三个具有代表性的定义出发作出分析。

根据《二十国集团数字经济发展与合作倡议》（以下简称《经济倡议》）内容建议，数字经济的关键生产要素是数字化的知识和信息，重要载体是现代信息网络，目的在于效率提升和经济结构优化。中国国家统计局发布的《数字经济及其核心产业统计分类（2021）》对数字经济的定义与《经济倡议》中的定义较为接近；区别在于，将关键生产要素由"数字化的知识和信息"替换为"数据资源"。该文件还明确了数字经济产业的范围：数字产品制造业、数字产品服务业、数字技术应用业、数字要素驱动业、数字化效率提升业。中国信息通信研究院《中国数字经济发展报告（2022）》中的概念与前两个规定的区别在于，对数字经济增加了"以数字技术为核心驱动力量"和"通过数字技术与实体经济深度融合"的限定。

在上述定义的基础上，可以对数字经济的特征作出总结。

一是关键生产要素。以上三个定义对数字经济的关键生产要素的表述有两种:"数字化的知识和信息"和"数据资源",二者的定义略有不同。一般来讲,数据是对客观事物、事件的记录和描述,是可由人工或自动化手段加以处理的符号的集合。信息是客观世界中各种事物的状态和特征的反映,是与问题相关的数据。知识是人们从实践经验中总结出来且被证实的规律及经验的总结,是可以用于推理的规则。[1]因此,数字经济的关键生产要素可以被理解为是数据以及数据的加工产物,数据在经济活动中具有重要价值是数字经济的特征。

二是重要载体。以上三个定义均将现代信息网络作为数字经济的重要载体。随着数据领域顶层设计的不断完善,如何保障行业实践中的合规要求,在安全管理框架内激发数据要素价值,成为数字经济发展的关键。电信和互联网行业作为数字经济较为发达、数据资源采集应用场景丰富的行业,其应用与治理对于数字经济的良性发展具有重要作用。数字经济主要发生在网络中,而数字经济中的平台应准确地定义为互联网平台。

(二)平台治理的范畴

根据《国务院反垄断委员会关于平台经济领域的反垄断指南》的定义,互联网平台是指通过网络信息技术,使相互依赖的双

---

〔1〕 参见郑彦宁、化柏林:《数据、信息、知识与情报转化关系的探讨》,载《情报理论与实践》2011年第7期。

边或者多边主体在特定载体提供的规则下交互,以此共同创造价值的商业组织形态。平台涉及的主体包括:平台经营者、平台内经营者、平台经济领域经营者。平台经营者在平台经济中不仅可以是消费方和服务方交易平台的提供者,还可以作为服务方与消费者交易。

国家市场监督管理总局《互联网平台分类分级指南(征求意见稿)》对互联网平台的定义与《国务院反垄断委员会关于平台经济领域的反垄断指南》接近,同时还进一步明确了互联网平台的类型:平台销售类(连接人与商品)、生活服务类(连接人与服务)、社交娱乐类(连接人与人)、信息资讯类(连接人与信息)、金融服务类(连接人与资金)、计算应用类(连接人与计算能力)。以上互联网平台的类型不互斥,可以共存。

平台治理的范畴不仅囊括了对平台经济涉及业务的治理,即用户、商品、服务、信息、资金、计算应用相关的业务合规,还包括平台自身业务的合规。因此,平台治理的范畴非常广泛,不仅包括传统领域的合规,还包括传统领域与平台结合后的产生的新的合规问题。

二、从定义看数字经济下平台治理的核心要素

通过上文对数字经济和平台治理的定义的梳理可以看出,数字经济下的互联网平台与传统平台的主要区别仅在于,数据及其

加工产物作为产品成为互联网平台的交易标的,以及在数字经济下的互联网平台中,数据及其加工产物发挥着相较传统平台中更加重要的作用。就此而言,数字经济下平台治理的核心要素包括:数据算法合规、竞争合规、业务合规。

(一)数据算法合规

互联网平台中,数据涵盖了平台内所有的原始记录,包括平台经营者收集的来自平台内经营者、用户的数据,平台内经营者、用户发布的内容,以及平台经营者的业务记录。其中,用户个人信息和内容由于其敏感程度成为数据中的特殊类型。算法作为加工数据的工具,可能通过向用户或平台内经营者呈现的形式影响用户或平台内经营者的权益。数据与算法紧密联系,因而数字经济下平台经济中的数据算法合规问题包括数据管理合规、用户个人信息合规、内容合规、算法合规四个维度。

1. 数据管理合规

平台涉及的全部数据(用户数据、内容、平台参与者数据等)都需要达到基础的合规要求。一方面,全部数据都需要满足安全存储的基本要求,将数据安全制度覆盖数据全生命周期,数据全生命周期包括:数据采集、数据传输、数据存储、数据使用、数据开放共享、数据销毁等。企业应当按照相关规范和标准落实数据分类分级保护制度,在各个关键环节的节点设置相应的管控点和管控流程,以便在不同的业务场景中进行精准适用。另一方面,需要根据相关指引识别对国家、公共利益有较大影响的重要数据，并按相关归档和标准对处理重要数据的活动和数据跨境流动进行严格审查。数据管理合规通常都有明确的标准作为参照，但是因为涉及的数据种类繁多，合规成本较高。

除了上述数据本身的合规问题，数据的存储环境也会对数据安全产生重要的影响。互联网平台的网络系统需要满足相应的等级保护要求，并建立配套的制度规范以确保网络安全合规。

2.用户个人信息合规

除重要数据外，个人信息是数字经济涉及的数据中最敏感且具备极高价值的部分。因此，需要单独设置用户个人信息的合规要求。

用户个人信息不仅需要满足基础的合规要求，还需要满足《个人信息保护法》《电信条例》《规范互联网信息服务市场秩序若干规定》《电信和互联网用户个人信息保护规定》等相关法律法规和标准的合规要求，即要求个人采集、加工、传输等数据生命周期各个环节均合规。这不仅是对平台企业处理个人信息的合规要求，也是对将个人信息作为商品的数据提供者的合规要求，应当将个人信息合规作为个人信息相关数据产品进入市场交易的基本条件，严格禁止由不合规个人信息产生的数据产品进入市场。

个人信息合规不仅涉及告知同意等内容，还涉及采集数据等底层技术问题，因而合规不应仅停留在对隐私政策等文本审核层面，还应当触及实际采集数据、加工数据的合规，这无疑给个人信息合规工作带来了新的挑战。

平台向用户推荐下载 App 应遵循公开、透明原则,真实、准确、完整地明示开发者信息、产品功能、隐私政策、权限列表等必要信息,并同步提供明显的"取消"选项,经用户确认同意后方可下载安装。平台在处理用户信息时,应坚持合法、正当、必要原则。不得仅以服务体验、产品研发、算法推荐、风险控制为由,违规收集个人信息,或强制用户同意收集与服务场景无关的个人信息。平台应明示个人信息处理规则,通过简洁、清晰、易懂的方式告知用户个人信息处理规则。

3. 内容合规

互联网平台不可避免地涉及内容发布,平台经营者应当对平台内经营者或用户发布在平台中的信息内容进行审核。发布在平台中的信息通常包括但不限于:用户在平台公开发布的内容,平台内经营者发布的产品、服务信息。平台经营者需要建立审核标准,并建立对违规发布信息的处理制度以及处理后的举报、投诉、申诉制度,在保障用户、平台内经营者发布权利的前提下确保内容合规。如果平台上有大量用户、平台内经营者发布的信息,对内容进行审查就需要花费大量的人力。

4. 算法合规

由于当前算法歧视、"大数据杀熟"等算法引发的问题频发,国家逐渐建立起算法治理的相关制度。数字经济中互联网平台涉及的算法合规主要包括两个方面:一是互联网平台自身使用算法处理用户个人信息的合规问题;二是处理用户个人信息的数据产品的算法合规问题。

两种情况均需要重视使用算法处理用户个人信息用户画像标签的合规。在涉及算法推荐时,平台经营者还需要进行备案登记,并采取合理限度向用户、公众公开算法规则。

用户画像、推荐算法的算法公开均涉及较多的技术内容,法务人员从事相关合规工作时会面临较多的困难。

(二)竞争合规

平台经济的运行模式和典型特征极易诱发市场垄断,特别是网络效应和规模效应的存在。[1]与传统领域相同,数字经济下平台经济中的竞争合规问题包括反不正当竞争合规、反垄断合规两个方面。

1.反不正当竞争合规

随着新经济、新业态、新模式的层出不穷,利用数据、算法、平台规则等实施的新型不正当竞争行为甚嚣尘上。平台经营者往往会利用在技术、数据规模、用户规模方面的优势,进行不正当竞争行为。因此,需要在经营中重视反不正当竞争合规。

一方面是与传统领域一致的反不正当竞争,即避免混淆、误导、传播虚假信息,损害竞争对手声誉等。因此,就需要对平台发

---

[1] 参见尹振涛、陈媛先、徐建军:《平台经济的典型特征、垄断分析与反垄断监管》,载《南开管理评论》2022年第3期。

布的内容进行合规审核。如果平台经营者自身也是平台内的经营者，则需要格外重视上述合规要求，平等对待平台内的经营者，不利用自身同时作为治理者和参与者的优势进行自我优待。

另一方面是数字经济下平台治理需要进行的特有的合规要求。平台经营者应避免利用自身优势妨碍用户使用其他网络产品，以及审查自身和平台内的经营者是否通过虚假交易、组织虚假交易等方式实施不正当竞争行为。经营者不得利用数据和算法、技术、资本优势以及平台规则等从事不正当竞争行为。同时，与算法合规有关的"大数据杀熟"、推荐算法的排序也属于反不正当竞争合规需要重视的内容。

2. 反垄断合规

除了上文在具体业务领域的反不正当竞争行为，平台经营者还需要对经营者集中、垄断协议签署等事项进行反垄断合规。经营者不得利用数据和算法、技术、资本优势以及平台规则等，从事《反垄断法》规定的垄断行为，以排除、限制竞争。进行反垄断合规需要针对合同进行审查，识别垄断协议以及识别可能的经营者集中行为，并确认已履行经营者集中申报义务。除了对垄断协议的审查，平台经营者还要根据自身规模、行业和市场情况，识别主要的反垄断风险。

（三）业务合规

数字经济下平台经济中的业务合规问题不仅包括平台经济特

有的业务合规,还包括传统领域中的业务合规。传统领域的业务合规内容较为复杂且庞大,且相关领域已有较多总结,因此,本部分仅讨论与平台关系较为紧密的业务合规。

1. 发布产品、服务合规

平台经营者需要及时发现被禁止或限制销售和提供的商品及服务,并采取相应措施,建立相应的管控机制、平台审核机制和日常巡查机制。此外,平台经营者还应重视发布产品的知识产权合规、广告合规,及时发现比较明显的知识产权侵权行为及违法违规广告行为,并进行预警、处理和记录。在有关主体投诉产品、服务合规问题时,平台经营者应当及时响应,避免问题扩大。

2. 消费者保护合规

互联网平台经营者应当在经营中注意避免欺骗、误导消费者,即在发布信息前进行相应的合规审核,同时还应当建立便捷有效的投诉、举报和争议在线解决机制,协助消费者维护权益,对平台内经营者的业务进行合规管理。

3. 平台内经营者保护

互联网平台经营者应注意审核在与平台内经营者的合同中是否存在对平台内经营者的活动进行不合理限制或者附加不合理条件,或者向平台内经营者收取不合理费用的条款。此外,互联网平台经营者还需要建立对平台内经营者违法违规行为的处理制度、申诉制度,确保制度对平台内经营者公开透明。

4.特定群体保护

互联网平台经营者应当遵守法律法规中关于劳动者保护的相关规定,避免进行不合理的限制。同时,因为可能涉及算法透明等问题,平台经营者还需要做好相关信息的公示。涉及向未成年人提供产品、服务的平台经营者,需要准备特别的个人信息保护方案和内容推送审核方案,确保涉及未成年人的业务合规。平台经营者需要向老年人提供适宜的网络服务,避免歧视老年人。

三、数字经济中平台治理的层次化分析

以上治理内容涉及政府监管平台经营者和平台内经营者,也涉及平台经营者管理平台内经营者。因此,为了提高监管效率和监管实效,以平台企业为中心的多元治理模式[1]是平台治理的理想模式,治理的主体主要涉及政府监管部门和平台经营者。

(一)政府监管

政府监管包括政府对平台经营者监管和政府对平台内经营者监管两部分。政府对平台经营者监管的内容包括平台经营者的数据算法合规、竞争合规、业务合规的全部领域,监管形式通常是审核平台经营者提报的相关报告,但是提报的内容可能存在不清楚或提报不实的情况,所以,部分情况下监管机构还可能入驻企业

---

[1] 张心:《平台治理:以平台企业为中心的多元治理——以滴滴平台为例》,载《统计与管理》2019年第2期。

对企业合规状况进行考察。政府监管机构对平台内经营者监管的主要内容是业务合规,在特定场景下还包括数据算法合规。但是,由监管机构直接对此类问题进行监管效率较低,因而监管机构对平台内经营者的监管可以由平台经营者代为完成,而监管机构只对平台经营者的监管情况作监督审核。

在政府对平台进行数据合规监管时,通常会遇到实质合规和形式合规的问题。数据合规的形式合规包括:政府向平台经营者发出问询,平台经营者书面回复;平台经营者根据法律法规向相关政府部门提交合规报告;政府审核平台经营者向用户提供的用户协议和隐私政策。形式合规给监管机构带来的工作量相对较小。

数据合规的实质合规包括:政府入驻企业对数据库内容进行审核(包括但不限于查看数据库中的数据调用记录、数据传输记录),政府依托自身力量或委托第三方对平台经营者的软件进行检测,确认软件中实际发生的应用端向服务器端的数据传输情况。入驻企业的实质合规工作通常都是以抽查的形式进行,虽然并不一定能确保在遍历每个企业,但是可以促进与入驻企业规模接近的企业完善自身的实质合规。软件检测的实质合规议案都是针对个人用户的应用程序展开的,一般都是用来测试特定的项目,意在督促企业进行某一方面的合规整改。由于特定检测机构的存在,也会有企业选择在发布应用程序前将应用程序提交至检测机构进行检测的,从而在产品公开以前实现实质合规。

实质的数据合规在执行过程中还可能面临执行标准的问题。对于已经成立较久的平台经营者,在前期发展过程中,因为相关法律法规并未完善的原因,可能存在历史遗留的数据采集、传输不合规的问题。但是如果版本迭代中软件内代码模块互相引用,可能会导致不合法的部分无法在保证软件正常工作的情况下删除。在这种情况下,如果监管机构严格执行相关法律法规,则企业无法正常运转。因此,监管机构可以采取权衡措施,在确保软件正常运行的情况下,对该类数据采取特别的控制手段。

(二)平台经营者合规

平台经营者需要接受政府监管。近年来,各项政策密集出台,为了规范平台经营活动,坚持发展和规范并重,促进平台经济规范健康持续发展,平台主体责任受到我国政府高度重视。[1]在监管机构强化平台责任的背景下,平台经营者的合规工作显得格外重要。平台经营者需要注意自身的数据算法合规、竞争合规、业务合规。数据算法合规不仅需要对隐私政策文本、用户体验改进计划进行合规审查,还需要结合技术落地进行实质性合规。竞争合规和业务合规中的很大一部分都是对业务活动中的合同文本进行合规性审查。在应对政府监管时,平台经营者还需要周期性地提供各类报告以供监管机构审查。常规的合同审查,涉及大量

---

[1] 参见刘权:《论互联网平台的主体责任》,载《华东政法大学学报》2022年第5期。

人力工作且重复性较高。

数字经济下的平台治理中,算法合规属于新兴领域。算法合规包括传统的统计分析、最优化算法等,还包括以机器学习、深度学习为代表的新兴算法。将不同的算法描述至清晰的程度所需要的披露事项不同,基于对算法的描述,还原算法参数的难度也不相同。因此,对于不同类型的算法应当采用不同的方式进行公开。对于统计分析的算法在公开时可以对数据做描述性统计,并且公开的精度仅到数值的范围。对于最优化算法,可以概括性地公开算法的运算逻辑。对于传统的机器学习算法,因为机器学习算法通常较难理解,因此算法框架本身没有公开的必要,可以公开训练机器学习算法所使用的数据及标签分布情况。对于深度学习算法,与机器学习算法类似,算法框架较难理解,因此没有向公众公开的必要,但是同样可以公开算法所基于的数据和标签的分布情况。

(三)平台经营者管理平台内经营者

平台经营者在平台经济中通常具有双重身份,自身作为监管链条的关键一环发挥主动性,同时作为监管中介为公共部门的市场监管提供支持。[1]

作为监管中介,平台经营者需要对平台内经营者进行管理。平台经营者对平台内经营者的治理主要涉及业务合规,在交易涉

---

[1] 参见董京波:《平台自治的监管问题研究——以平台的双重身份为视角》,载《商业经济与管理》2022年第7期。

及数据的情况下还需要覆盖数据与算法合规。业务合规要求平台内经营者提供的商品、服务合规,因而平台内经营者也需要提供自身合规的证明,这就导致平台内经营者需要对自身的产品、服务进行合规审核。平台经营者可以根据商品或服务类型设置相应的产品发布审核模板,在平台内经营者的产品上市前对产品及宣传内容进行审核。

平台内经营者还可能与平台经营者签署各种合同,这些合同通常是基于平台经营者提供的模板,平台内经营者可以改变的内容有限。因此,需要审核的内容仅包括:平台内经营者签署时是否对合同模板进行变更;平台内经营者填写的信息项是否满足合规要求。此类合同的合规通常是重复的机械劳动,且需要花费大量的时间。

在数字经济中平台治理对合规要求日益强烈的当下,企业的合规工作量将大幅度增加,企业可能将面临因合规导致业务成本提高、效率降低等若干问题。因此,更高效率的合规是监管机构、平台经营者、平台内经营者面临的共同问题。

四、智能合规的发展

(一)人工智能在法律中的应用

以自然语言处理、计算机视觉为代表的人工智能技术蓬勃发展,在各行各业普遍应用,法律领域也是如此。相对其他类型文本，法律领域的文书的文字表述相对规范，使自然语言处理技术在法律相关文书智能处理中通常具有很好的效果。人工智能技术在法律中的应用主要包括：在裁判文书中进行高效、准确的命名实体识别，对裁判文书进行结构化以提高检索的效果，基于历史裁判文书分析各类合同纠纷的主要争议点，在各类合同中识别潜在的风险点并进行提示。人工智能技术正在被应用到越来越多的法律实务领域，大幅度提升了法律工作者的工作效率。

（二）智能合规在产业中的应用

由于合规工作包括了针对合同的合规和数据合规两个方面的工作，因此，智能合规也需要分为智能的合同合规和智能的数据合规。

对于智能的合同合规，人工智能进行合同审查在国外早已开始，但是智能合规产品在国内刚刚兴起。目前已有很多企业、律所使用智能合规产品以提高合规工作的效率。目前大部分产品仅是对合同进行审查、提示风险点，从而达到平台审核的要求，但合规工作应当不止于此。将合同数字化，制定数字合同管理系统，对合同履约情况进行实时跟踪，实现过程化管理，提高管控能力，减少线下沟通、审核，并可以提供产品、服务全流程的合规报告，都是智能合规产品应具备的功能。

对于智能的数据合规，目前国内市场上还没有成熟的产品，国外有onetrust等处于领先地位的公司。因为数据和算法通常都涉及公司的核心商业秘密,因而通常都使用私有化部署的工具,并且根据自身业务需求深度定制。隐私政策等文本的审核本质上与合同审核近似,可以根据相关法律法规和标准文件智能提示风险点和缺失的条款。随着隐私和数据合规日益被重视,智能的数据合规应用具有广泛的市场前景。

(三)智能合规与人工合规的比较

智能合规存在一些人工合规难以企及的优势。首先,智能的合同审核效率更高。依靠人工智能算法,智能的合同审核可以在极短的时间内对含有大量文字的合同进行审核,而人工审核此类合同需要逐字逐句地阅读,效率明显较低,特别是针对相对格式化的文本,智能的合同审核的准确率和效率都很高。其次,智能的合同合规依赖的是现实存在的裁判文书、法律法规和专家经验,而人工审核只能依赖合同审核流程中的有限数量的律师,且不同的律师审查合同与发现风险的能力不同。因此,相比人工的合同审核,智能的合同合规可以覆盖更全面的风险点且审查质量和标准都更统一。最后,经过数字化后的合同,可以自动归档、进行履约监控并保留各个节点的证明材料,很少需要人工参与,而人工审核的合同则不可避免地需要人工进行合同归档和履约监控,效率较低。在数据和算法合规方面,智能的数据算法合规可以直接从技术底层审核合规情况,不依赖文本反馈,审核的可靠性更高。

但同样地,智能合规也存在一定的不足。相比人工审核,在法律法规没有明确规定、裁判文书也不能提供争议焦点的情况下,智能合规将很难发现风险点。同时,智能合规只能根据法律法规和裁判文书大数据提供符合法律要求的风险提示,而不能针对合同所针对的商业目标进行适应性的调整。

基于这些优势和不足,智能合规应该作为人工合规的辅助,提取合同中的关键信息,为人工合规提供审核提示和依据,二者结合才能达到最好的应用效果。

五、智能合规应用在数字经济下平台治理的可行性

根据前文的论述,数字经济下平台治理会面临合规工作量大,效率高的要求,这符合智能合规的特点。而国家发展改革委等部门《关于推动平台经济规范健康持续发展的若干意见》中也强调"改进提高监管技术和手段"。因此,智能合规在平台智能化治理中具备巨大的应用潜力。

(一)智能合规在政府监管中的应用

在法规政策强调落实平台责任的背景下,政府直接监管平台内经营者的责任相对减轻,但是对平台经营者的监管责任相应增加。

一方面,监管机构可以使用智能审核的方式审核平台经营者提交的各项申报信息,发现其中的合规问题;另一方面,监管机构

可以开发相应的接口,在平台经营者的平台系统中部署特定的接口,直接监控平台内的发布行为和交易行为,有助于监管机构直接获取用于判断合规情况的第一手资料。

(二)智能合规在平台经营者合规中的应用

由于在平台治理中平台经营者的合规责任最为重大,因而平台经营者对智能合规的需求可能是最强烈的。

在应对监管机构的合规方面,智能合规可以辅助人工合规,在数据算法合规、竞争合规方面发挥重要的作用。在平台经营者需要履行申报义务的场景中,智能合规还可以根据特定的格式生成文本,作为平台经营者向监管机构申报的材料,减少了人工在制作相关材料时的工作量。

在对平台内经营者的治理方面,平台经营者可以使用智能工具对产品和服务的合规性、知识产权的合规性、广告行为的合规性以及价格行为的合规性进行审核。同时,平台经营者还可以设置平台内经营者发布产品和服务的门槛,确保已发布产品和服务的合规性。在涉及与平台内经营者签订合同时,因为平台经营者的合同通常采用合同模板,智能的合同审核可以提取关键信息供人工审核,提示风险点,还可以对比文档内容,审查平台内经营者是否对模板内容进行修改。

在对平台用户的治理方面,平台经营者可以使用智能工具审核用户协议和隐私政策(例如,判断界面显示内容是否与隐私政策一致),并建立相应的反馈、投诉路径。在用户发布内容时,平台经营者还可以使用关键字审核等工具对用户发布的内容进行审核。除了合同内容的智能审核,平台经营者还可以将用户、消费者响应信息化,并进行智能分类,转交对应的部门处理,实现相应的智能化。

在智能合规的辅助下,平台经营者的合规效率将明显提高,成本也可以相应降低。

(三)智能合规在平台内经营者合规中的应用

由于平台经营者对平台内经营者的合规要求,平台内经营者也需要承担一定的合规义务。平台内企业中有大量的中小企业,这些中小企业在业务合规管理方面的基础薄弱,能够提供产品和服务合规证明的难度较高。平台内经营者在使用智能合规工具的情况下可以保留合同的全流程合规记录,对产品和服务提供合规证明。

综上所述,智能合规在数字经济下平台治理问题中可以发挥重要的作用,特别是对平台经营者和平台内经营者,智能合规可以提升效率,降低成本,具有广泛的应用前景。

六、未来与展望

人工智能技术依然处于蓬勃发展的过程中,还有许多自然语言处理技术没有被应用到智能合规领域,智能合规还有较多的提升空间。随着技术进步,智能合规对风险识别的准确率、全面程度也会随之提升,作为更高效的工具辅助法务人员进行合同审核。

当前,数字经济还处于高速发展中,在数字产业化、产业数字化、数字化治理、数据价值化四个产业中,只有数字产业化较为发达,产业数字化、数字化治理、数据价值化三个产业均有巨大的潜力。随着数字经济产业的发展,也会出现越来越多的互联网平台,交易涉及的领域逐渐增加,使依托海量裁判文书的智能合同合规更充分地发挥作用。同时,数据的价值将得到更充分的挖掘,产业数据、个人信息的合规将受到更多的重视,也必将会面临更严格的合规要求。届时,智能的数据合规将发挥更大的作用。因此,智能合规工具还需要进一步完善,以满足未来数字经济中平台治理的合规要求。

第二节　营商环境法治生态系统模型构建

当前,营商环境法治化进程中,需要借助大数据等技术协同推进,实现营商环境法治化的生态系统协调。近年来,"法律生态系统"的概念逐步发展,其是指所有法律专业人士和利益相关者共同参与。[1]对此,借鉴生物学和生态学研究中的"生态系统",借助大数据、人工智能等技术积极推动法律与数据间的链接,以算法、大数据等技术,嫁接社会、文化、法律等方面的内容,促进营商环境法治化建设的设计、合规性等发展。通过大数据积极推动法治生态化建设,普及法律、协调法域、更新立法、保障执法,统筹营商环境法治化的生态发展,共同营造良好的法治环境,是人工智能与法治均等化与可及化的迫切要求。为此,本节立足于"法治是最好的营商环境"这一重要论断,构建营商环境法治生态系统模型,探寻营商环境法治生态系统建设的逻辑进路,系统构建营商环境法治化生态系统的模型,探索具体适用营商环境法治化建设的具体路径。

一、法治生态系统模型之证明

在营商环境法治化的发展过程中,其中各个要素既有共存共生之处,也有冲突矛盾。因此,如何积极优化共生点,协调冲突矛盾,使营商环境自成系统,内部有序推进,需要予以全面证成。

(一)社会法律生态系统的兴起

社会法律生态系统是生态系统应用于社会与法律中的产物。

---

[1] See Brenton, Connie, *CLOC: joining forces to drive transformation in legal: bringing together the legal ecosystem*, Liquid Legal Springer, Cham, 2017: 303-310.

其着眼于社会发展中各个碎片化、单一化的治理举措走向"互嵌共生"。推动社会治理中各项元素形成相互依赖的关联体系,并将这一体系运用于社会治理的具体领域。例如,在营商环境法治化建设过程中,政府简政放权,市场主体使用技术、人力资源等要素及法治保障等内容相互作用,推动营商环境法治化内部要素的协调共存。生态系统作为一个功能性、整体性和内在稳定的系统,其内部的和谐共生能够推动生物多样性的发展。映射于社会法律生态系统时,生态学中的"共生"独特性,为社会治理提供了具体、可参照的基本原理。这种范式与社会治理"共赢"的价值观产生共鸣。社会治理的监管优化与法治化,离不开各要素之间的协同共进。

在社会法律生态系统中,营商环境法治化在以下方面着力转向。首先,营商环境法治化建设的政策要求是建立"共生"的政策体系,融入法律规范、企业自治等要素,这决定了政策作为一种理念与顶层设计要求被广泛应用于营商活动的各个阶段。由此形成各要素的协调,共同促进营商环境的有序发展。其次,在立法、司法、执法的各个环节,以营商环境法治化需求为导向,协调公私法域的矛盾冲突,实现法治化过程的共生转变。再次,充分根植于大数据背景,使用"法律链接数据"模型,其中,数据包括社会文化、政府信息开放、市场主体的活动等,以此促进营商环境中各要素的信息交流机制。最后,营商环境法治化的社会法律生态系统建设应是合法的生态系统,并被政府、市场主体等主体接受,在法治的保障下顺利运转。因此,营商环境法治化的社会法律生态系统不仅是法治化的表现,还在于以大数据、人工智能手段实现各营商主体与技术、法律的互动。

(二)营商环境法治化建设要求生态化发展

营商环境法治化的建设,其出发点与落脚点都在于营商环境是否在法治背景下有序展开。营商环境的要素范围广泛、主体多元,依靠单一的主体或者单一的优化方式不能满足营商环境优化的协同共生要求。社会法律生态系统的相互作用、相互依存的内在要求,契合了营商环境法治化建设的明确目标,具有可借鉴性。

营商环境的法治化发展与社会法律生态系统中的共同点在于统筹协调、优化共生。优化营商环境不断受到治理透明性、法律规范明确性、商业道德诚信化等方面的挑战。其旨在解决经济发展、社会矛盾的解决、法治保障营商环境等新的可持续发展的模式中。营商环境法治化的生态发展研究是生态化发展的理念持续推动营商环境有序发展的重要中介。市场主体利用自身的技术优势、人力资源、管理能力实现企业内部生态化发展;政府部门利用立法、执法权限等营造市场主体营商的法治环境生态化发展。其共同目标是推进企业可持续发展和责任理念,塑造政府部门为法治化保障的主体力量。这种结构可以描述为,生态化的理念对政府与市场主体在法治、商业道德以及发展期望上的衡量。

生态化发展最为关键的是政府部门与市场主体在营商过程中

实现"共生",政府的政策法规、市场主体的实践经验相互联系、相互促进。将生态化的发展与营商环境中的各个要素联系起来,从而把经济、社会、政府与企业等各方的行为嵌套为一个系统,实现生态效率、社会效率、运营效率、法治效率的可持续性融合共生。社会法律生态系统是连接法律与数据的生态系统,涉及社会和生态系统相互作用的各方面因素,反映了多样性的变化。社会法律生态系统是复杂的适应性系统,具有跨领域联系的特征,所谓跨领域的联系即涵盖广泛的时间与空间的领域。强调跨组织、空间和时间领域的生态、法律与社会系统的层次耦合。同时,也促进社会、法律和生态系统在每个领域上的局部耦合,既有较小领域过程嵌入较大领域过程,也有较大领域对较小领域的影响,各领域间相互作用。

在本体论上,营商环境就是一种社会化、法治化的生态系统。首先,营商环境中的各类主体是行动者实体(参与者),这类似于环境生态中的植物和动物。其次,这些参与者之间的关系是由超链接构建的,在 Web3.0 时代,这些超链接所代表的是算法规则,将法律转换成自然语言处理,形成社会法律生态系统的基础架构,投射于营商环境法治化建设的过程中。最后,营商环境中各要素的互动,由政府部门、市场主体等构成的生态体系,形成营商政策、法律规范、实践经验等方面的生态化交流机制。营商环境法治化的生态系统有多重属性和维度,这些不同的维度可以理解成营商环境生态化系统中的子系统。例如,企业内部的协调发展,国家与地方政府部门间的单独子系统等。

综上所述,营商环境法治化的过程中,各种元素相互交织,形成一种社会法律生态系统。营商环境法治化建设中基于对各种要素的相互协同,共同营造一种相互作用的生态化法治系统。一方面,法治是营商环境建设的重要价值目标。是营商环境中各种要素相互协调的保障力量。另一方面,依托法治化建设的营商环境,各要素相互协调、相互作用所形成的生态化模式,有利于营商环境法治化建设理念的转变,使营商环境建设融合各方面有利因素,实现营商环境法治化建设的生态推进。

二、法治生态系统模型之构建

构建营商环境中的法治生态是实现营商环境中各要素相互促进、消除障碍的方法。在法治生态系统模型中所包含的政府部门的助推要素、市场主体的营商要素等,应以一种适应、发展和改革的范式,契合生态化的发展模式。在此模式中,法治生态系统模型的构建有其必要性与可行性,应不断挖掘法治生态系统模型的基本内容,实现模型适用的合法化与合理化,重塑营商环境优化与法治生态化的结构。

(一)法治生态系统模型构建的必要性与可行性

营商环境法治化的进程中,面对复杂多变的营商要素,特别是社会的快速发展与法律的滞后性之间存在冲突,如何化解这一冲突成为Web3.0时代的重大命题之一。对此,在协同原则的前提下,依靠人工智能、大数据等技术,推动法治的营商环境向生态化方向迈进,成为优化营商环境法治保障共同体建设的有效路径之一。

1. 法治生态系统模型构建的必要性

营商环境要素多样化、主体多元化,生态化的法治模型通过吸收协同理念、治理结构、治理方式、规范适用(硬法与软法)等内容,成为生态化法治模型要素。营商环境中既有主体要素、营商要素、法治要素,也有各个要素相互融合的链接点,包括:(1)政府部门之间的协同生态,推动政府在营商环境法治化建设中的主导作用;(2)推进政府部门与市场主体间的协同生态,实现政府部门与市场主体的良性互动,在有益的营商经验上实现共存共生;(3)实现营商环境各要素间的在社会法律生态系统下发挥协同功效,构成了法治生态模型的必备元素。

同时,营商的法律、政策等反映了在其制定过程中发挥作用的多种观点、价值观、知识体系、信息类型和权力斗争的综合结果,既具有内在的综合性,也反映了社会的价值观。法律规范由于其稳定性结构,不得不吸收商业道德、诚实守信等营商文化中的有益成分。对此,《优化营商环境条例》第9条明确规定了市场主体遵守法律原则、恪守商业道德原则、公平竞争原则等,明确了遵守营商规则在内的广泛社会规则。营商环境的规范结构,促使营商环境法治共同体建设面临生态化的调整。

2.法治生态系统模型构建的可行性

Web3.0时代为法治生态系统模型的构建提供了技术支持和实践路径。数据生态系统在很大程度上实现了局部数据与整体数据的互联互动、动态平衡发展。同样,数据生态系统可用于营商环境的法治生态系统构建,营商环境中的各项要素可以通过算法等技术链接,形成法治生态的数据集,广泛调动政府、市场、社会数据资源。

首先,Web 3.0时代最重要的演变是能够实现数据与现实社会的协调互动。网络虚拟社会与物理空间的互动信任机制逐步建立健全,这为数据在网络与现实社会的自由流通提供了现实基础。这些互动,形成了丰富的信息流与可靠的数据传输集。这种转变将催生法治发展的新模式,促进营商环境的多元共存。

其次,《优化营商环境条例》填补了我国在优化营商环境方面的立法空白,为营商环境的法治生态建设提供了政策法规的依据与指引。其中,优化营商环境的协同原则、法治原则等,市场主体、市场环境、政府服务、监管执法等全面优化,形成了法治生态系统模型的制度框架,避免了法治化建设过程中的法律规范冲突现象。

最后,政府部门、市场主体等在营商环境法治化建设过程中的有益经验,是法治生态系统模型构建的前期基础。例如,政务服务的"一站式"、网络化、数据化以及营商环境区域差异的协同优化对策等,都是法治生态化发展的必要总结。可见,技术、法治(制)与经验的结合,已成为推进营商环境法治生态化的重要一环。

(二)法治生态系统模型构建的基本框架

在互联共享的 Web 3.0 时代,营商环境的法治化建设不再由单一的主体推动,而是通过政府部门、市场主体等多主体依靠法律生态系统创建,各主体对数据的组合使用,将形成法治生态系统模型的基本框架。

首先,营商环境中规范的广泛性。营商环境法治生态的建设,各主体除了遵守以《优化营商环境条例》为主的营商法制等硬法,还应遵守营商道德、营商文化等软法。硬法与软法的组合运用,保障了营商环境中的规则容易被理解和接受。特别是其中的软法,可以通过立法途径转换成硬法。例如,"诚实守信""公平竞争"等属于营商文化的重要组成部分,《民法典》《优化营商环境条例》等均将其设置为营商主体必须遵守的法治原则。对于软法融入法治框架内,除了开辟技术与法律、技术与社会互动的一系列条件,还应注重筛选出与社会主流文化相一致的、有助于行业发展的软法。

其次,构建营商环境开放数据生态系统,应注重营商环境开放数据生态系统中的关键要素。第一,营商规范的数据化。应将法律规范等营商规则通过算法等技术置于开放数据生态系统中,并形成生态化的检索系统。第二,营商规范数据的生态协同化。通过搜索、寻找、评估和查看数据,避免数据间的矛盾,实现数据内部的协同生态化展现。第三,营商规范数据的可视化。通过清洗、分析、丰富、组合、链接和可视化数据,实现系统内数据的可视化展示。第四,营商规范的完善。通过解释和分析数据,并通过用户反馈数据,逐步改善数据。同时,为了整合数据的全部所需元素,使数据朝生态化发展,应将法律规范与营商文化等不同类型的元数据,在开放数据生态系统中充分链接。可见,开放数据生态系统由一个多层次和多元的框架组成,其内涵了法律规范、社会文化、技术、营商主体行为方式等。

再次,营商环境开放数据生态系统与营商主体间的关联。营商环境法治生态化的整体性发展,须将开放数据生态系统与营商主体相关联,形成数据端到主体端的架构层。在此架构层内,应有一个"适应框",使静态的营商规范数据与动态的营商主体行为相互适应,逐步形成安全生态的法治环境。同时,为了使关联系统具有高效性、安全性,应在数据生态系统内设置数据转换模式,使用机器学习算法来熟练地处理大量数据,并在多个组织之间共享数据生态系统,实现访问和使用控制。

最后,法治生态系统监管模式的构建。应明确监管体系的方案或元模型,注重监管的法治、社会、语义三重维度的结合。将数据的合规性设计嵌入法治生态系统中,并评价法治生态系统中所涉及的所有元素、功能等。同时,将《优化营商环境条例》有关监管执法确立的监管规则和标准、在线监管系统、监管方式等融入法治生态系统中。由于法治生态系统是复杂的,微观主体的相互作用和变化会导致宏观系统的演变,对此,应保障被监管对象的反馈渠道,将正反两方面的反馈纳入监管体系中。大量相互作用和具有经验的微反馈过程相互连通、相互作用,创造了新兴的宏观反馈结构,从而形成稳定的、可持续性的监管机制。

(三)法治生态系统模型的有效性保障

初步构建的法治生态模型基本框架,应确保其有效性,以便在适用过程中实现理论层面到实践层面的可操作性。一方面,法治生态系统模型的有效性,应由政府部门自上而下落实监管责任,严格按照《优化营商环境条例》"监管执法"章节的规定,明确监管职责,促进监管的跨区域、跨部门联动协作,实现监管信息数据共享与数字化监管全面覆盖。另一方面,法治生态系统的有效性还应由市场主体自下而上的推进生态化发展,将企业合规作为营商环境法治化建设的推进工具,在实现有效性的同时,促进系统的生态化发展。

首先,应确保规范的有效性。在法治生态模型基本框架中,应保障规范的有效性,特别是如何保障软法规范的有效性成为重点。对此,应转换话语特征,通过规范的论证过程产生对营商主体的约束力。第一,应根据软法的特征,识别其有效性。软法以多主体平等协商为特征。因此,具有约束力的软法应是多主体协商达成共识的商业规则,如行业协会商业组织制定的行业规范。第二,应根据企业合规的内容,识别其有效性。一方面,应对合规制定的主体、程序、与硬法的衔接内容等进行审查,以有效嵌入营商规范中。另一方面,应针对软法进入系统是否有助于社会生产力发展、是否满足市场主体需求、是否有助于营商协调性发展等制定相应的原则。

其次,通过合法性确保系统的有效性。在法治生态系统模型中,基本框架内容的规范性、话语性或逻辑性定义是兼容的。其最终的落脚点在于是否具有合法性。例如,要使法治生态系统中的监管模式"合法",应在营商环境法治化建设的背景下,明确监管的来源,包括监管主体、监管权限、责任承担等。监管的规范和监管的方式形成一个连续体,嵌入整个监管系统中,实现可执行性、效率性、有效性和公平性(正义的标准)等,以期达到一个预先确定的阈值。

最后,法治生态系统模型的有效性是一个复杂多元的过程。在法治生态系统模型中,元素具有层次性,一方面是现实物理空间的元素,另一方面是网络虚拟社会的语义。对此,应当注意如下几个方面:一是强化某种类型的实在法或者权利的制度性。二是营商主体行为方式按照系统内的要素行使,并在营商过程中,创造、主动参与和使用的方式被不断地修正。三是营商主体在法治生态模型中产生信任,这种信任的产生,实质上是法治化发展过程中的生态化进程。四是法治生态系统模型实现,应通过硬法

与软法组成的规范体系,衡量系统内的制度,使系统的有效性、适用范围、适用性能等实现应有的价值。(见图 4-1)

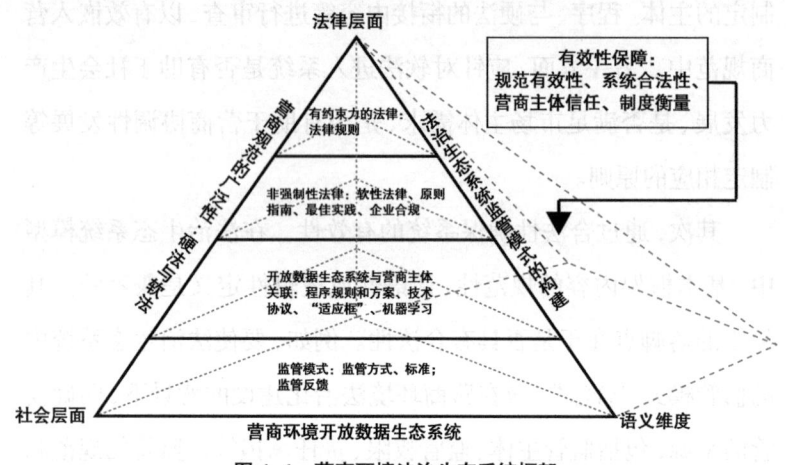

图 4-1 营商环境法治生态系统框架

总之,法治生态系统的有效性是其实施的前提条件。系统的生态有效性取决于相互依赖的制度协调工作的效果。系统内各元素相互协调,将产生显著化的生态化结果。

三、法治生态系统模型之适用

营商环境法治化建设进程中的生态化发展,应当实现法治生态系统的协同推进,持续更新营商规范、监管范式等。在 Web3.0 时代,在遵循营商环境法治化建设生态化转变和有效性保障的基础上,形成适应法治生态系统发展的适应性治理模式,推动法治生态系统模型不断适应营商环境的发展。

第四章 人工智能时代下的营商环境法治均等化与可及化

(一)适应性治理推进法治生态模型的实践

法治生态系统模型的适用,最终的落脚点是有益于营商环境的法治化。与法治生态化系统模型相适应的方式是适应性治理。适应性治理是一种新兴的环境治理模式,强调在面对环境的复杂性和不确定性变化时,协调资源管理的制度化措施。

适应性治理是营商环境法治生态系统适用的有效模式。第一,适应性治理与法治生态系统具有相同的内核,适应性治理所强调的内部相互作用与生态化发展所要求的内部元素相互作用是内在一致的。第二,适应性治理是以合法性为基础的治理模式,保障权利/权力被适当地行使。第三,满足营商环境各主体坚持自适应的参与方式,形成相应的信任路径,以促进合法性和信任性,并提升考虑法治生态系统中所有元素的能力的可能性。可见,适应性治理模式与法治生态系统所强调的内部元素相互作用、可持续性推进、制度化更新等内核具有协同性。

首先,应确定适应性治理在法治生态系统中的原则。适应性治理模型在法治框架内推动营商环境生态化发展,应确立如下原则:一是营商规则与法治生态条件的一致性原则。即逐步将营商规则中的软法制度化、法治化,特别是将隐性条款转换成显性规则。二是提升参与主体的自主性与自决能力原则。即法治框架内各主体按照各自发展模式,自主运营、创新发展方式。三是明确各主体自适应发展的边界与权利范围原则。即在营商环境法治化建设进程中,为明确争端解决机制,强化问责机制,各主体自适应发展的边界应予明确。四是主体与权利/权力的嵌套性。即形成开放的治理结构,在适应法治生态化框架的同时,允许形成临时的框架应对社会变化,并在更大规模的稳定治理中增加适应创新的潜力。

其次,在适应性治理模型中,充分协调营商规则,避免矛盾。营商规则存在硬法与软法并存格局,在识别软法有效性的同时,还应保证在适用过程中适应法治框架。有效适应方式之一是通过类案查询,确定软法适用的一致性与连贯性。有效适应方式之二是法秩序统一,确保法律的适应、发展和更新,为适应性发展提供硬法。

再次,确保适应性治理的司法调控。司法调控是回应营商环境法治化建设各项要素生态化发展的有力举措。面对 Web3.0 时代的智能化发展,司法调控的方式应借助人工智能、大数据、区块链等技术支持。为推动营商环境开放数据生态系统落地应用,法治化营商环境的司法路径构建必不可少。有益经验是法治生态系统可持续发展的经验主义体现,司法误区实则是法治生态系统可持续发展所要消除的障碍。法律实证分析通过数据清洗和数据建模等,形成可视化的图表,从而进一步实现司法调控的数据化、可视化,充分实现营商环境开放数据生态系统的完善。例如,广东博维创远科技有限公司推出的"法律实证分析平台"(见图 4-2),使大数据深度分析变得简单高效,使与营商环境相关的案件分析变得简单高效,总结实践经验,为政府部门政务服务改进、监管执法创新、法治保障优化等提供实践有益模式。

法律实证分析平台

让复杂的法律大数据深度分析变得简洁高效

海量的数据库资源
- 过亿司法大数据
- 数据在线随时可用
- 数据实时自动更新
- 支持接入用户自有数据

轻松的数据清洗
- 完整的实证签标签体系
- 支持自建标签
- 支持多人协同对数据打标
- 支持自动化校验保证质量
- 支持自建自动化数据清洗模型

灵活的数据建模
- 数据分析模板助你轻松上手
- 快速进行基于简单计算的数据统计分析
- 支持复杂模型(多元线性回归/差分/显著性/关联性分析/聚类等)
- 秒级完成海量统计分析计算任务

丰富的可视化图表
- 根据模型可选多个可视化图表
- 根据维度自动生成图表
- 实时解释图表各值的含义
- 支持图表下载

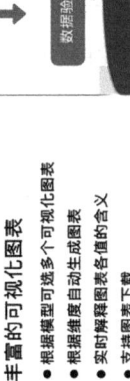

图 4-2 法律实证分析平台示意

最后,适应性治理中实现相关主体的协调性生态化发展。营商环境开放数据生态系统与营商主体间的关联,是主体间相互作用的必经途径。在法治生态系统的主体"适应框"中,各主体在数据化推进过程中,会产生"数据冲突",对此,冲突的适应性治理可以通过算法妥当解决。算法在适应性治理中的协调性优势在于,通过数据的客观化呈现,避免了公司合作模式中的"亲""清"界限不明,监督范围有限等缺陷。一方面,应通过区块链、机器学习等技术,推动以代码语言为基础的规则编写,寻求代码之间的协调,反衬于政府部门与市场主体间。另一方面,通过算法协调营商主体间的适应性发展,很大程度上可以改变营商主体自我协调,以及参与许多经济交易和社会互动的方式。

(二)实质参与模式推进法治生态系统建设

要实现法治生态系统的协调生态化发展目标,应以实质法治推进法治生态系统的建设。当前,硬法与软法结合在法治生态系统中,很大程度上已具备形式法治的要求,为落实《优化营商环境条例》的具体规定提供了规范指引。但如何将形式法治的要求在法治生态系统中具体实践,以此全面回应市场主体的生态化发展诉求、平等受保护要求以及有效的实质参与,实现营商环境各要素、各主体的协同发展。

其一,应推动营商环境中各主体的实质参与。所谓实质参与,是法治生态系统内各主体以相互作用、相互理解的方式在"适应框"中形成生态化发展机制。一方面,实质参与具有全面性,要求政府部门继续深化"放管服"改革,激发市场活力,鼓励市场主体创新,以开放的姿态制定营商政策,吸纳市场主体营商活动的有益经验,以充实软法,逐步形成硬法,从而在政务服务、监管执法、法治保障中协同推进生态化发展。另一方面,实质参与具有深度性,市场主体在营商活动中,能够切实反映诉求,包括通过行政、民事、刑事司法程序保障自身合法权益。

其二,法治生态系统模型的数据化要求以实质方式推进各元素间的协调。营商环境法治生态系统中,各种元素相互作用,各主体相互关联,共同组成了法治生态化命运共同体。作为有机体的法治生态化系统,营商环境的法治生态化以实质方式推进,实际上是为各主体、各元素的沟通提供了"理想的沟通模型"。在此沟通模型中,形成共治、共享的生态化格局。但在实质化推进各要素协调的同时,还应完善各主体实质参与的数据化方式,注重便利性、普及性。

(三)生态化下对营商环境法治建设的监测

营商环境法治生态化系统运行效果及其改进措施,有赖于对该生态系统模型的大数据监测。对此,有论者"借助计算机硬件和计算法则技术的提升,参照事先构建的营商法治环境评价体系,设计出营商法治大数据系统,对江西11个设区市的营商环境进行实时监测",并得出"优化营商环境固然需要政府的积极主动和有所作为,但同样需要政府自我革命、公权力保持谦抑和规范行使"[1]的结论。由此看来,对营商环境法治生态化建设的大数据监测,有助于了解系统内各主体、各元素相互作用的模式和冲突的方式,进而实现生态化的发展。

营商环境开放数据生态系统的构建,将营商规范通过代码编辑为数据形式,一定程度上弥合了大数据与营商规范间的"数字鸿沟",为大数据监测提供了数据集。一方面,营商环境法治生态系统大数据监测的定位旨在实现营商环境、政府部门、社会、技术与法律之间的生态化趋向,大数据允许随时随地对海量、异构和多尺度的数据进行深入和动态分析。通过大数据分析所得出的结论、联系等,可以作为对原本难以察觉的营商元素、营商主体的活动等提出主张的基础。另一方面,营商活动中各主体、各元素有自身的特色,大数据随后带来了对世界的新视角,可以改变决策的内容和方式,应根据其特点制订相应的监测具体计划。

其一,大数据监测营商规范的实践效果。由于营商环境中规范的广泛性,硬法与软法的结合可能造成适用的困境。虽然法治生态系统首先要求识别软法的有效性,但其有效性可能会造成适用中的软法冲击硬法的适用空间,降低硬法的效力范围等影响,对此,大数据监测应注意如下方面。首先,以真实、客观和准确的形式呈现的营商规范数据,与系统中的主体相互关联,避免决策

---

[1] 谢红星:《营商法治环境的大数据监测、评价与剖析——基于江西 11 个设区市的数据》,载《兰州学刊》2021 年第 1 期。

的片面和主观。其次,应对营商规范分类监测,提高监测水平,以保障数据的隐私性。最后,应通过数据监测量化衡量指标,以提高营商活动中政府部门的政务服务规范性、法治性。

其二,大数据监测主体关联的生态效果。营商环境中政府部门与市场主体以数据为桥梁相互关联,实现生态化发展效应。对此,为监测两者在法治生态系统中运行的效果,应以大数据技术监测两者的行为方式及其冲突回应模式。就政府部门而言,重点在于监测政府的政务服务水平,其在数据共享中的协同力度。就市场主体而言,一方面,需要通过大数据监测营商环境法治化的程度,具体以市场主体的合法行为受保护力度为监测对象,如市场主体的自主经营权、参与权、退出权等具体权益的受保护情况。另一方面,具体监测市场主体与政府部门在相互作用中的冲突情形,以及市场主体不适应政府"放管服"改革、商事制度改革、企业登记业务改革等的发展情况等。

其三,大数据监测法治生态系统的运行。营商环境法治生态系统作为一个整体,其运行过程除了规范实践与主体关联这两个重要内容,还有诸如营商环境优化、法治有效性整体情况、监管的合规性等与系统整体运行相关的内容。为了得出有效的结论,需要对法治生态系统运行的整体情况进行大数据监测。对此,应基于大数据自身特点与具有动态反馈机制的有效数据质量评估流程建立大数据监测系统。例如,小包公·法律 AI 的"智能量刑偏离监测系统",通过大数据监测法治生态系统的运行,包括以下步骤。第一步,评估法治生态系统中的数据集相互作用与冲突模式。以市场主体的运营、决策、规划等战略目标或业务需求等为基底数据,合理选择要使用的数据,并提前确定数据来源、类型、数量、质量要求、评估标准和规范以及预期目标。第二步,查验数据的准确性、实效性。数据的准确性需要一些额外的信息来判断原始数据,以其他数据源作为补充或证据,如营商环境中各方主体共同参与某项活动的适用法律情况。第三步,为了进一步进行质量评估,需要为营商环境中的每个维度选择具体的评估指标,并要求数据符合特定条件或特征,考核指标的制定也取决于实际的营商环境。

总之,营商环境法治生态系统的大数据监测,应进行数据整合、搜索下载、网络爬虫、代理方法、载体监控等方面的运作。注重对营商环境中各主体、各元素的数据质量监测与各维度的评估。通过大数据监测提升营商环境的政策建议、商业决策、营商环境治理等方面的生态化效度,及时调整,以实现营商环境法治生态化发展。

习近平总书记指出:"新发展阶段,贯彻新发展理念,必然要求构建新发展格局。"[1]在营商环境法治化建设中,贯彻新发展理念,强化创新、协调、绿色、开放、共享的发展理念,应注重充分吸收生态学中的经验主义、相互依存等理念。对此,可在近年来兴

---

[1] 习近平:《把握新发展阶段,贯彻新发展理念,构建新发展格局》,载《求是》2021年第9期。

起的社会法律生态系统的基础上，构建营商环境法治生态系统，并有效推动其生态化发展。在法治生态系统中，以协同性推动营商环境法治化发展的同时，实现各主体、各元素相互作用，互助共生。

第三节　总结与展望

人工智能技术的迅猛发展正在深刻重塑社会运行逻辑。其对法治体系的渗透与重构已超越工具层面的辅助功能，成为推动法治均等化与可及化的根本性力量。

在法治均等化方面，人工智能技术已从辅助性工具演变为法治体系的核心基础设施。命名实体识别、自然语言处理等技术的深度应用，使法律文本的解析、类案检索与量刑预测突破了人力处理的时空限制，将原本依赖法官个体经验的裁判过程转化为可量化、可追溯的数据模型。这种技术介入不仅显著提升了司法效率，更重要的是通过算法透明化和参数标准化，将"同案同判"的抽象理念转化为可操作的实践路径。例如，智能量刑系统通过数百万份裁判文书的深度学习，构建起量刑参数的动态调整机制，使刑罚裁量在保持法官自由裁量权的同时，实现了跨地域、跨时间的均衡性。又如，智能监管系统的部署实现了对违法行为的实时预警与精准处置，通过算法模型的动态优化，将执法标准从模糊的行政裁量转化为可量化的技术参数,显著提升了执法的公正性与一致性。这种技术赋能使法律适用理性化,消解了传统法律实践中因信息不对称、经验差异导致的裁量偏差,为实现"法律面前人人平等"提供了重要的技术支撑。

在法治可及化方面,人工智能技术打破了传统法律资源的空间垄断与知识壁垒。人工智能驱动的虚拟法律顾问、智能问答系统正在打破传统法律知识传播的时空限制。通过个性化算法推荐,不同文化背景、教育水平的用户可获得适配其需求的法律知识服务。智能法律问答系统、在线合规审查工具等应用,使法律咨询与纠纷解决突破了地域限制,将专业法律服务下沉至基层与弱势群体。这种技术驱动的普惠化趋势,不仅体现在法律援助的可获得性提升,更在于通过知识图谱与语义分析技术,将晦涩的法律条文转化为公众可理解的日常语言。例如,智能法规检索系统通过语义关联与逻辑推理,能够自动识别法律条文之间的适用关系,为公众提供个性化的法律指引。又如,针对农民工群体的智能劳动法咨询平台、面向中小企业的合规风险预警系统,均体现了技术对弱势群体法治权益的精准覆盖。这种普惠性技术应用,正在推动法治从精英化的"专业壁垒"向大众化的"公共产品"转型。这种技术赋能的法律传播方式,正在重塑公民与法律之间的互动模式,使法治从精英化的专业领域转变为全民可参与的公共产品。

可以预见,人工智能与法治的深度融合将引发更深层次的制度变革。首先,技术伦理框架的构建将成为法治现代化的核心议题。例如,在刑法领域,针对自动驾驶、深度伪造等新兴技术引发的犯罪形态,传统罪名体系难以应对。未来需要构建"技术中立"与"风险导向"相结合的立法框架,增设"滥用技术""算法歧视"等新罪名,以填补法律空白。同时,量刑规范化改革也需借助大数据分析,将司法理性转化为可量化的数学模型,通过实证数据归纳量刑参数,提升了裁判的可预测性,实现量刑公正从"人治"向"数治"的范式转变。其次,法律体系的适应性重构势在必行。现行法律体系多以自然人为责任主体的预设,当智能系统独立作出决策时,难以应对人工智能关联主体的刑事责任认定等新型问题。例如,自动驾驶汽车在事故中的责任归属,在研发者、使用者与人工智能系统之间的责任分配无法套用传统的责任分配方式。未来可能需通过多层次责任体系保障受害者的权益,同时激励技术开发者承担更高标准的伦理义务。这要求立法者以前瞻性思维重构法律关系,建立适应智能时代的新型责任机制。最后,法治教育的范式革新将成为必然趋势。人工智能技术正在解构传统法律教育的线性结构,构建起以学习者为中心的智能教育生态系统。例如,虚拟现实技术可以模拟真实法庭场景,使法律实践教育突破物理空间的限制。又如,智能教学系统通过分析学习者的行为数据,动态调整教学内容与难度,实现个性化知识图谱的构建。再如,区块链技术确保法律教育认证的可信度,使学习成果在全球范围内流通。这种教育革命不仅提升了法律人才培养的效率,更重要的是培养了公众的法律素养与法治思维。当法律知识的获取不再依赖特定的教育机构或职业群体,法治的可及性便获得了实质性的突破。因此,人工智能的普及将重塑法律职业的技能结构,要求法律人才具备技术素养与人文精神的双重能力,推动法律教育从传统知识传授向跨学科能力培养转型。

总而言之,在技术与法律的共生演进中,人工智能正在重塑法治文明的底层逻辑。这种变革不仅是工具理性的技术升级,更是价值理性的制度重构。通过算法正义实现程序正义的深化,借助数据共享打破信息壁垒,依托智能系统提升法治效能,人工智能正在为构建更具包容性、适应性与前瞻性法治体系提供技术基座。当然,技术对法治现代化的赋能不能完全唯效率论,更需要在制度设计中注入人文关怀,在技术发展中坚守法治精神。只有这样,人工智能时代的法治均等化与可及化才能真正实现技术理性与价值理性的有机统一,从而真正实现符合社会主义核心价值观的中国式法治现代化。